Startups e inovação

Startups e inovação
direito no empreendedorismo (*entrepreneurship law*)

Coordenadores
TARCISIO TEIXEIRA
ALAN MOREIRA LOPES

Coautores
KEILA DOS SANTOS
BERNARDO M. DE C. OLIVEIRA
AUGUSTO P. COUTINHO NETTO
ROBERTA YVON FIXEL
MARCIO A. NORONHA COSTA
THAYNÁ FIORI GONZAGA

© Editora Manole Ltda., 2020, por meio de contrato com os coordenadores.

EDITORA GESTORA Sônia Midori Fujiyoshi
PRODUÇÃO EDITORIAL Ana Cristina Garcia
PROJETO GRÁFICO Departamento Editorial da Editora Manole
EDITORAÇÃO ELETRÔNICA Muiraquitã Editoração Gráfica
CAPA Ricardo Yoshiaki Nitta Rodrigues
IMAGEM DA CAPA iStock

CIP-BRASIL. CATALOGAÇÃO NA PUBLICAÇÃO
SINDICATO NACIONAL DOS EDITORES DE LIVROS, RJ

S797

Startups e inovação : direito no empreendedorismo / coordenação Tarcisio Teixeira, Alan Moreira Lopes ; coautores Keila dos Santos... [et al.]. - [2. ed.]. - Barueri [SP] : Manole, 2020.

Inclui índice
ISBN 9788520461969

Direito empresarial - Brasil. 2. 1. Empresas novas - Legislação - Brasil. I. Teixeira, Tarcisio. II. Lopes, Alan Moreira. III. Santos, Keila dos.

19-61342	CDU: 347.72.028(81)

Meri Gleice Rodrigues de Souza - Bibliotecária CRB-7/6439

Todos os direitos reservados. Nenhuma parte deste livro poderá ser reproduzida, por qualquer processo, sem a permissão expressa dos editores. É proibida a reprodução por fotocópia.

A Editora Manole é filiada à ABDR – Associação Brasileira de Direitos Reprográficos.

1ª edição – 2017; 2ª edição – 2020

Data de fechamento da edição: 10.01.2020

Editora Manole Ltda.
Av. Ceci, 672 – Tamboré
06460-120 – Barueri – SP – Brasil
Fone: (11) 4196-6000 – Fax: (11) 4196-6021
www.manole.com.br
https://atendimento.manole.com.br/

Impresso no Brasil
Printed in Brazil

Durante o processo de edição desta obra, foram tomados todos os cuidados para assegurar a publicação de informações precisas e de práticas geralmente aceitas. Caso algum autor sinta-se prejudicado, favor entrar em contato com a editora.

Os autores e os editores eximem-se da responsabilidade por quaisquer erros ou omissões ou por quaisquer consequências decorrentes da aplicação das informações presentes nesta obra. É responsabilidade do profissional, com base em sua experiência e conhecimento, determinar a aplicabilidade das informações em cada situação.

Editora Manole

"Ser um empreendedor é executar os sonhos, mesmo que haja riscos. É enfrentar os problemas, mesmo não tendo forças. É caminhar por lugares desconhecidos, mesmo sem bússola. É tomar atitudes que ninguém tomou. É ter consciência de que quem vence sem obstáculos triunfa sem glória. É não esperar uma herança, mas construir uma história... Quantos projetos você deixou para trás? Quantas vezes seus temores bloquearam seus sonhos? Ser um empreendedor não é esperar a felicidade acontecer, mas conquistá-la."

Augusto Cury[1]

---

1   Cury, Augusto Jorge. *Dez leis para ser feliz*: ferramentas para se apaixonar pela vida. Rio de Janeiro: Sextante, 2003, p. 29.

Sobre os coordenadores

Alan Moreira Lopes

Advogado. Sócio fundador do escritório Lopes e Santos Sociedade de Advogados. Atuante em Direito Privado com ênfase em Direito Digital, Robótico, Civil e Empresarial. Mestrando em Administração pela UTFPR (Universidade Tecnológica Federal do Paraná). Bacharel em Direito pelo Centro Universitário Curitiba – Unicuritiba. Pós-graduado em Direito Digital pela Universidade Estácio de Sá. Pós-graduado em Direito Contemporâneo com ênfase em Direito Criminal pela Universidade Cândido Mendes. Presidente do Instituto de Direito Digital e Robótico do Paraná (IDDR-PR). Professor de Direito Digital em cursos de extensão e pós--graduação. Coordenador e autor dos livros *Direito das novas tecnologias* e *"Startups" e inovação: direito no empreendedorismo*. Coautor dos livros *Constituição e novos direitos* e *O princípio da dignidade humana*. Parceiro do GBG – Curitiba. Palestrante, parecerista e consultor de empresas. Técnico em Eletrônica pelo Centro Federal de Educação Tecnológica do Paraná (CEFET-PR). E-mail: alan@lopesesantos.adv.br.

Tarcisio Teixeira

Advogado especializado em Direito Digital e Proteção de Dados. Doutor e Mestre em Direito Empresarial pela USP. Professor Universitário. Autor de diversas obras jurídicas: *Curso de direito e processo eletrônico*, 4. ed. Saraiva; *Direito empresarial sistematizado*, 8. ed. Saraiva; *Manual da compra e venda*, 3. ed. Saraiva; *Direito das novas tecnologias*, RT; *Inteligência artificial – aspectos jurídicos*, Juspodivm; *Lei Geral da Proteção de Dados Pessoais – comentada artigo por artigo*, Juspodivm; *Blockchain e criptomoedas: aspectos jurídicos*, Juspodivm; *Proteção de dados – fundamentos jurídicos*, Juspodivm. E-mail: tarcisioteixeira@tarcisioteixeira.com.br

Sobre os coautores

Augusto Peres Coutinho Netto

Empreendedor serial e professor. Estruturou projetos na área de segurança da informação, incubação e aceleração de negócios, *coworking* e programas de desenvolvimento sobre inovação, empreendedorismo, liderança e gestão. Atualmente dirige a AC Curadoria, empresa de desenvolvimento humano e organizacional que combina consultoria, assessoria e capacitações personalizadas. Escreve sobre comportamento humano.

Bernardo Mattei de Cabane Oliveira

Advogado atuante nas áreas de direito empresarial, societário e tributário, devidamente inscrito na OAB/PR, formado pela Pontifícia Universidade Católica do Paraná, em 2008, e especializado em direito cível e empresarial pela mesma instituição, em 2010.

Keila dos Santos

Advogada. Sócia fundadora do escritório Lopes e Santos Sociedade de Advogados. Pós-graduada em Direito Civil, Processo Civil e Direito Digital. Coautora dos livros *Direito das novas tecnologias, Direito no empreendedorismo, Constituição e novos direitos* e *O princípio da dignidade humana*. Professora de Direito. Vice-Presidente do Instituto de Direito Digital e Robótico do Paraná (IDDR-PR). E-mail: keila@lopesesantos.adv.br.

Marcio A. Noronha Costa

Formado em administração pela Universidade Federal do Paraná e treinado como conselheiro de administração pelo Instituto Brasileiro de Governança Corporativa (IBGC). Conta com experiência de quinze anos na área de consultoria tributária, tendo trabalhado nas Big Four e em grandes escritórios de advocacia entre 1999 e 2009, quando fundou a McBenner. Desde então, continua ativamente prestando serviços de consultoria na área de estratégia tributária e servindo em conselhos de grandes grupos empresariais.

Roberta Yvon Fixel

Formada em Direito pela Faculdade Dom Bosco (UniDBSCO), em 2008. Especialista e pós-graduada em Direito e Processo do Trabalho pelo Instituto Luiz Flavio Gomes (Universidade Anhanguera) desde 2012. Atuou em escritórios renomados como advogada de grandes clientes e entre 2014 e 2018 foi advogada interna de duas multinacionais, tendo vasta experiência na área trabalhista, tanto do ponto de vista processual – conduzindo audiências e representando empresas na qualidade de preposta – como do ponto de vista estratégico. Advogada membro da Comissão da Mulher Advogada (CMA) junto à OAB/PR no período de jun./2016 a jan./2018. Relatora do Conselho Fiscal do Instituto de Direito Digital e Robótico do Paraná – IDDR/PR desde maio/2018 e atuante em projetos e estudos das áreas de *Data Privacy* e *Compliance* (anticorrupção e concorrência).

Thayná Fiori Gonzaga

Advogada atuante nas áreas de direito penal, civil, digital e robótico. Graduada pela Pontifícia Universidade Católica do Paraná (PUC-PR). Pós-graduada em direito eletrônico pela Universidade Estácio de Sá. Diretora jurídica do Instituto de Direito Digital e Robótico do Paraná. Coautora do livro *O princípio da dignidade humana* (Íthala, 2018). Palestrante. E-mail: thayna@lopesesantos.adv.br.

Sumário

Nota à segunda edição.. XV

Apresentação.. XVII

Introdução.. XIX

1. Empreendedorismo no Brasil 1
Keila dos Santos
Perfil do empreendedor brasileiro..................................... 3
Empreendedorismo digital para tempos de crise 4
Ciberempreendedores de sucesso 5

2. Direito no empreendedorismo – *Entrepreneurship law*.................. 8
Alan Moreira Lopes; Tarcisio Teixeira
Governança jurídica para empreender com segurança 8
O direito das *startups*.. 10

3. Direito do trabalho e empreendedorismo – "Reflexão trabalhista diante da iniciativa de empreender" 32
Roberta Yvon Fixel
Vínculo empregatício.. 32
Noções sobre terceirização (com base na Lei n. 13.429, de 31.03.2017)........ 37
Pejotização da pessoa física. Fraude à legislação trabalhista 41
Inovações relevantes da Reforma Trabalhista (Lei n. 13.467, de 13.07.2017) ... 42
Considerações finais 44

4. Direito empresarial e societário para empreendedores 45
Bernardo Mattei de Cabane Oliveira

Entenda os tipos empresariais e societários 45
Vantagens e desvantagens. A recuperação 64
Responsabilidade do empreendedor por dívidas da empresa 65
Desconsideração da personalidade jurídica 65
Exclusão do sócio por justa causa 67
Da dissolução da sociedade 68
Penhora de cotas e ações 69
Business judgement rule 69
Fusões e aquisições (M&A) 70
Due diligence 70
Incorporações 71
Holding 71
Joint venture 72
Trespasse 73

5. Direito tributário para empreendedores 74
Marcio A. Noronha Costa
Introdução 74
Transparência e benefícios 75
Foco no mais simples ou no mais complexo? 77
Especial atenção ao ISS 80
Sonegação 81
Venda de participações 82

6. Recursos para empreender 83
Augusto Peres Coutinho Netto
Organizacional – transmita a direção 84
Estrutural – condições de operação 89
Humana – elos da rede de valor 90
Criação 91
Transmissão 92
Obtenção 93
Tangível *versus* intangível 94

**7. Nova Lei Geral de Proteção de Dados e os impactos gerados ao
empreendedor brasileiro** 96
Keila dos Santos
A necessidade de adaptação do empreendedor ao longo da história 96
O que o empreendedor brasileiro deve saber sobre a nova Lei Geral de
Proteção de Dados Pessoais – Lei n. 13.709/2018 98

SUMÁRIO XIII

8. _Startups_ no âmbito penal 104
Thayná Fiori Gonzaga
Crimes contra a ordem tributária 105
Crimes contra as relações de consumo e contra a ordem econômica......... 106
Crimes contra a propriedade intelectual e concorrência desleal............. 108
Crimes de lavagem de dinheiro 110

9. Comitê Nacional de Iniciativas de Apoio a _Startups_ (Decreto n. 10.122/2019) e Marco Legal das _Startups_ (Lei Complementar n. 167/2019).............. 112
Alan Moreira Lopes

10. _Canvas_ jurídico para _startups_: ferramenta de planejamento jurídico ... 115
Keila dos Santos; Alan Moreira Lopes
Conclusão 122

Apontamentos finais 123

Anexo – dicas 125

Índice remissivo 127

Nota à segunda edição

É com alegria que apresentamos a 2ª edição da obra *"Startups" e inovação: direito no empreendedorismo*, que chega revista, atualizada e ampliada. A 1ª edição é motivo de muito orgulho para todos os autores, pois foi muito bem acolhida por empreendedores, investidores, mentores, estudantes, professores e todos os demais atores do ecossistema empreendedor nacional. Assim, aproveitamos para agradecer publicamente a todos que prestigiaram a obra e fizeram com que ela se esgotasse em pouco tempo.

A seriedade e a credibilidade do primeiro trabalho motivaram a inclusão de tópicos que ainda não haviam sido abordados. São eles: "Nova Lei Geral de Proteção de Dados e os impactos gerados ao empreendedor brasileiro" e *"Startups* no âmbito penal".

No capítulo sobre a Lei n. 13.709/2018, a Dra. Keila dos Santos primeiro investiga a necessidade de adaptação do empreendedor ao longo da história (o que não seria diferente no contexto da era da informação) e, em seguida, consolida de maneira proveitosa o que o empreendedor brasileiro deve saber sobre a Nova Lei Geral de Proteção de Dados Pessoais. Ao final, ressalta as penalidades aplicáveis aos infratores e destaca um conjunto eficiente de medidas preventivas contra incidentes relacionados à segurança da informação.

Já no capítulo que trata do âmbito penal, a Dra. Thayná Fiori Gonzaga lança luz sobre questões criminais que, por terem implicações tão relevantes, infelizmente são pouco discutidas no cenário do empreendedorismo. A autora divide o novo tópico em crimes que ocorrem com mais frequência no âmbito empresarial: crimes contra a ordem tributária, contra as relações de consumo e contra a ordem econômica, crimes contra a propriedade intelectual e concorrência desleal, crimes de lavagem de dinheiro e, finalmente, associação criminosa ou organização criminosa. Trata-se de material inédito em obras relacionadas à inovação e às *startups*, que reforça a seriedade e a credibilidade propostas pela obra. Assim, as sugestões consignadas pela autora são de extrema importância para evitar condenações na esfera penal.

Além dos tópicos novos, tratamos também do Comitê Nacional de Iniciativas de Apoio a Startups e do Marco Legal da Internet, importantes ferramentas para simplificar e garantir a criação e a celeridade dos processos que envolvem a inovação no setor.

Reiteramos que os autores revisaram seus textos a partir das recentes mudanças legais, portanto esta 2ª edição é o resultado do esforço de todos no sentido de aperfeiçoar a obra e oferecer ao ecossistema empreendedor brasileiro subsídios para a criação e o desenvolvimento de negócios que vençam os desafios jurídicos nacionais.

Desejamos a todos uma ótima leitura!

Tarcisio Teixeira
Alan Moreira Lopes

Apresentação

Empreendedores percebem rapidamente que, para iniciar e realizar a gestão de um novo negócio, existem muitas questões legais a serem enfrentadas, e se fazem as seguintes indagações: como formalizar uma empresa? Por que fazer um acordo entre os sócios? O que é preciso saber acerca das normas tributárias para criar um novo empreendimento? Como legalizar minha loja virtual? Quais recursos são necessários para empreender? Quais os direitos e os deveres do meu time de funcionários? Não havia uma obra que reunisse todo o conhecimento necessário para responder a essas e a tantas outras questões que todo estudante, inventor, jurista, administrador e aqueles que desbravam o ecossistema de inovação ainda se fazem. Essa é a proposta deste livro.

A obra, que possui um índice detalhado, é um verdadeiro guia para incubadoras de *startups* ou ideias, aceleradoras e profissionais que buscam maneiras de desenvolver ou aprimorar seus negócios. Respostas jurídicas são oferecidas por autores que, no mercado, atuam neste novo ramo do Direito que denominamos "direito no empreendedorismo". Foram incluídos até modelos de políticas de privacidade e termos de uso para sites ou aplicativos.

Muitos empreendedores apaixonados sentem-se intimidados pela lei. Por essa razão, a abordagem da obra não se revela apenas legalista; também são abordadas questões práticas que os empresários enfrentam em cenários reais. Não se joga luz somente no momento em que a "ideia milionária" é concebida, mas o livro acompanha o leitor em todas as situações que se apresentam ao longo da jornada empreendedora.

O momento histórico nacional é mais do que oportuno para a publicação. Milhares de pessoas possuem uma nova ideia de negócio. Portanto, é apropriado oferecer as ferramentas legais adequadas para que possam tomar as medidas protetivas e que não criem responsabilidades indevidas no futuro. Entre outros assuntos, o livro alcança temas relacionados a modelos societários, como a formalização das expectativas dos empreendedores, governança jurídica para empreender com segurança, empreendedorismo digital em tempos de crise, noções sobre terceirização, fraudes à legislação e recursos organizacionais, estruturais e humanos para empreender.

Trata-se de um livro que não aborda apenas a inovação, mas inova o mercado editorial ao apresentar os aspectos empresariais e legais do empreendedorismo por meio de uma leitura capaz de preparar o interessado, independentemente do nível educacional e/ou de sua área de formação. Afinal, muitos dos novos empresários aprendem sobre a prática de negócios da maneira mais penosa, cometendo erros. Ao mesmo tempo, esse estudo é desafiador e motivador; a experiência dos autores, verdadeiros empreendedores, permite-lhes orientar o leitor para o desenvolvimento de projetos disruptivos.

Por que não empreender? O empreendedorismo nesta era digital tem feito muitas pessoas ricas, mas, para muitos, possuir o próprio negócio ainda permanece um sonho inalcançável por causa de leis anacrônicas, do excesso de burocracia e da elevada carga tributária. Esmiuçar os entraves legais do Brasil é a proposta e o grande desafio desta obra.

Contudo, o direito no empreendedorismo visará, cada vez mais, à integração entre a inovação, os negócios e as leis. A experiência real de criar novos negócios é impactada à medida que se descortina e se desmistifica o ecossistema empreendedor e as *startups*. Certamente, além de aconselhar seus leitores, a obra os conduzirá a projetos que terão efeitos sobre a economia global de amanhã.

Introdução

"Inovação" é um termo que não é desconhecido para quem se encontra imerso em um ecossistema empreendedor. Ecossistema significa o sistema onde se vive. A analogia feita com o contexto empresarial pode ser mais bem compreendida se considerarmos que uma empresa digital aumenta suas chances de "sobreviver" no mercado quando inserida em um ecossistema empreendedor.

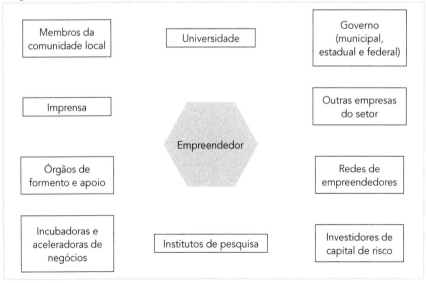

Figura 1 Exemplo de ecossistema empreendedor.
Hashimoto, Marcos. "Preparando sua empresa para receber *seed money*". Disponível em: <http://www.bmaiscompet.com.br/arquivos/Anprotec_Comolevantarseedmoney.pdf>. Acesso em: 3 maio 2016.

Nesse cenário, o direito no empreendedorismo deve contribuir para que os negócios realizados no âmbito da inovação sejam desenvolvidos dentro das normas legais em vigor. Um aspecto fascinante nesse universo de criatividade e avanços tecnológicos é a competência que determinadas empresas possuem para inventar e descobrir produtos e serviços que ainda não sabíamos que precisávamos.

Assim, sem a pretensão de esgotar o tema, mas pautados pela escassez de material jurídico específico que corrobore com os interesses dos empreendedores, este livro se propõe a estimular as discussões na esfera legal de modo prático e dinâmico, desvencilhando-se do "jurisdiquês" sem abrir mão dos rigores legais.

A definição de empreendedorismo, mundialmente falando, é antiga; entretanto, temos várias interpretações para o tema, desde a concepção de empreendedor como aquele ser social que fugia dos padrões até este ser extremamente importante para o desenvolvimento econômico e social da humanidade.

O empreendedorismo vem se desenvolvendo ao longo das décadas e se moldando às novas possibilidades negociais, como no âmbito digital, por meio de novos produtos, novos métodos de produção, novos mercados e novas formas de organização.

Hoje não poderíamos admitir uma sociedade sem o empreendedor, conforme se verá no decorrer do presente livro acerca do direito aplicado ao empreendedorismo.

CAPÍTULO 1

Empreendedorismo no Brasil

Keila dos Santos

Primeiramente, faz-se necessário uma breve consideração sobre o conceito de empreendedorismo. Empreendedorismo vem do ato de empreender e ser empreendedor, que, por sua vez, tem uma vasta gama de significados. Para alguns, empreendedor é qualquer pessoa com elevada aptidão pioneira. No entanto, o conceito mais adequado foi criado pelo economista austríaco Joseph Schumpeter[1] que traz um conceito de empreendedor muito mais complexo. Para o referido economista, o conceito de empreendedor recai sobre qualquer pessoa que quer trabalhar para si mesma com organização, gerenciamento e assunção de riscos sobre novos produtos, novos métodos de produção, novos mercados e novas formas de organização, ou seja, novas formas de empreender com finalidade lucrativa.

O empreendedorismo conservador foi gerando novas ramificações em virtude da revolução tecnológica e consequente aumento dos índices de desemprego e outros problemas sociais que fez surgir um novo método de empreender por meio do recente empreendedorismo digital.

Já o empreendedorismo digital é o desenvolvimento de um modelo de negócio para oferecer um produto/serviço diferenciado através de um meio digital com obtenção de lucro. Esse ramo de conhecimento está ainda em fase pré-paradigmática, já que não existem padrões definidos, princípios gerais ou fundamentos que possam assegurar de maneira cabal o conhecimento.

Muito embora o empreendedorismo digital seja um campo efervescente em termos de pesquisa e publicações, ainda é muito recente para atingir uma

---

1   SCHUMPETER, Joseph Alois. "Pensamento econômico". Disponível em: <http://www.pensamentoeconomico.ecn.br/economistas/joseph_schumpeter.html>. Acesso em: 3 maio 2016.

base científica que seja altamente explorada pelos empresários de diversos ramos na internet. Isso ocorre porque o Brasil é considerado um dos países cuja população tem o maior índice de pessoas com vocação empreendedora. Segundo uma pesquisa divulgada pelo jornal *Folha de S.Paulo*[2], 63% dos brasileiros preferem trabalhar em um negócio próprio, e apenas 33% disseram preferir trabalhar como empregados. Em comparação com os europeus, os brasileiros têm mais anseios de concretizar o sonho do negócio próprio.

Para possibilitar o sonho brasileiro do negócio próprio, o empreendedorismo na internet permite que qualquer um tenha sua empresa digital por um custo relativamente baixo, tanto de recursos humanos e manutenção quanto de logística e marketing, com soluções muito mais simples e mais baratas que as do empreendedorismo convencional; basta apenas conhecer as possibilidades que a internet oferece e a necessidade de seus usuários.

Ainda sobre o empreendedorismo digital, é necessário frisar a facilidade e a importância do marketing digital para o negócio. O marketing digital é muito mais vasto e vem crescendo consideravelmente nos últimos anos em relação ao marketing comum. Esse fato é facilmente detectado quando se observa que a opinião de um blogueiro com relação a determinado produto conta muito mais do que um *outdoor*. Isso porque o consumidor confia mais nas informações passadas por outras pessoas comuns pela internet, porque são também consumidoras, do que em uma propaganda paga.

Assim, o empreendedorismo digital no Brasil oferece uma vasta gama de possibilidades aos empreendedores sem, contudo, exigir um grande investimento. Sem contar que outro ponto positivo do empreendedorismo digital no Brasil é que a sociedade recebeu e tem recebido as lojas virtuais com otimismo.

Segundo o Ibope Media[3], o Brasil é o quinto país mais conectado com a internet, e a previsão é que, ainda em 2017, alcance o quarto lugar, ultrapassando o Japão. De acordo com a Fecomércio-RJ/Ipsos, o porcentual de brasileiros conectados com a internet aumentou de 27 para 48% entre 2007 e 2011. Os principais locais de acesso seriam as *lan houses* (31%), seguidas pela própria casa (27%) e pela casa de parentes e amigos (25%).

---

2   FABRI, Mayara. "Empreendedorismo no mundo", UOL, São Paulo, 24 de fevereiro de 2014. Disponível em: <http://imagempessoal.band.uol.com.br/empreendedorismo-mundo/>. Acesso em: 3 abr. 2016.

3   Agência Brasil, "Brasil é o quinto país mais conectado do mundo", *Revista Abril.* Disponível em: <http://info.abril.com.br/noticias/internet/brasil-e-o-quinto-pais-mais-conectado-domundo220420127.shl?utm_source=feedburner&utm_medium=feed&utm_campaign=Feed%3A+No ticiasINFOInternet+(Not%C3%ADcias+INFO+-+Internet)>. Acesso em: 3 abr. 2016.

Esses dados demonstram que os brasileiros são grandes receptores das novidades relacionadas à internet e a programas eletrônicos. O reflexo disso na sociedade é a formação de um enorme contingente de usuários de internet diariamente, com consequente fomento dos serviços disponibilizados *on-line*. Não é por acaso que muitas empresas tradicionais deixaram de atuar apenas em ambientes físicos e entraram com tudo no mundo virtual. São exemplo disso a Americanas.com, a Fnac, a B2W e a Magazine Luiza, que atualmente têm, em média, 12% de seu faturamento vindo da internet e chegam a dar descontos de até 400 reais em alguns produtos por meio do site.

Portanto, o papel do empreendedorismo é fundamental para fazer girar a economia do país. No âmbito do empreendedorismo convencional, parece que a concorrência não está ajudando em nada para que novos negócios surjam e se estabeleçam. No entanto, no cenário digital, existe uma infinidade de novas oportunidades que ainda podem ser exploradas, são ideias únicas e inovadoras que podem se tornar investimentos seguros e prósperos.

PERFIL DO EMPREENDEDOR BRASILEIRO

O perfil de quem busca empreender no mercado digital brasileiro não é muito diferente do perfil do empreendedor de outros países. Com idade entre 25 e 40 anos, com graduação, os empreendedores brasileiros demonstram que estão dispostos a aproveitar as oportunidades.

Para seguir com o projeto, o empreendedor digital deve ter afinidade com a inovação, persistência e muito conhecimento técnico acerca da atividade que pretende desenvolver e do setor em que deseja atuar. Além disso, fazer contato com investidores é outro passo fundamental. Afinal, acreditar na própria ideia é fácil, o desafio é convencer outra pessoa de que seu negócio é algo realmente significativo e tem o poder de transformar a vida das pessoas.

A revista *Exame* fez um infográfico, com base nas fontes e.Bricks Digital e Consumoteca, em que delineou o perfil do empreendedor digital brasileiro. Constatou-se que 83% dos empreendedores são homens com idade entre 25 e 40 anos, das classes A e B; 64% estão no sudeste e 21% moram na Região Sul do país. Em relação à graduação, a pesquisa mostra que 19% desses empreendedores possuem formação profissional relacionada à tecnologia e 42% têm um mentor para lhes orientar.

Logo, os dados acima demonstram que a internet tem mesmo capacidade para abrigar iniciativas empreendedoras e que há muitas pessoas com interesse e em condições de empreender digitalmente.

4 STARTUPS E INOVAÇÃO – DIREITO NO EMPREENDEDORISMO

O fato de a pesquisa apontar a existência de empreendedores com apenas 25 anos de idade explica por que tantas empresas de internet surgiram nas mãos de pequenos realizadores vindos de outras empresas ou recém-saídos de universidades.

Percebe-se, portanto, que o país não só reúne condições favoráveis para o aparecimento de novos negócios na rede como também concentra uma grande quantidade de profissionais com perfil empreendedor.

EMPREENDEDORISMO DIGITAL PARA TEMPOS DE CRISE

Os negócios pela internet estão em alta e ainda há muito campo a ser explorado, mesmo em tempos de crise. No entanto, a falta de recursos é a principal barreira para os empreendedores digitais no país, de acordo com 45% dos entrevistados pela e.Bricks Digital e pela Consumoteca[4].

Aproximadamente 80% dos projetos são financiados pelos empreendedores ou sócios do negócio, ou seja, sem um investidor externo. Entre os que não contam com investimento externo, 27% já apresentaram seu projeto para algum investidor.

Mas não basta ter uma ideia inovadora para o sucesso no empreendimento digital, é necessário saber executar essa ideia para que ela se torne um negócio digital de sucesso.

Você sabia que o Videolog surgiu antes do YouTube? Mas na época nenhum fundo de investimento olhou para ele, enquanto o YouTube foi comprado pelo Google e é um dos sites mais visitados no mundo. Mais uma vez, vê-se que o sucesso não depende de o projeto ser o primeiro ou original. Depende de saber executar determinada ideia dentro de um contexto específico.

Porém, a dificuldade de investimentos para o empreendimento digital já teve épocas mais duras. Algum tempo atrás, só havia no Brasil duas iniciativas de investimento: "Programa de Pesquisa Inovativa em Pequenas Empresas, da Fapesp (Pipe), e Programa Primeira Empresa Inovadora, da Finep (Prime), além de poucos investidores".

O cenário de investimento tem melhorado a cada dia no âmbito digital, e atualmente existem mais opções de investimento para esse nicho de negócio,

---

4   BARBOSA, Fabiola. "Perfil do Empreendedor Digital no Brasil mostra a profissionalização do mercado no país". Disponível em: <http://nextecommerce.com.br/perfil-do-empreendedor-digital-no-brasil-mostra-a-profissionalizacao-do-mercado-no-pais/>. Acesso em: 3 maio 2016.

por exemplo[5]: o fundo formado por empresários participantes do grupo Unicamp Ventures, o Desafio Buscapé, que prometeu investir 300 mil reais em uma empresa; os eventos organizados por Renato Steinberg, da *startup* ByMK, e pela Bedy Yang para pôr *startups* brasileiras em contatos com investidores estrangeiros.

Por fim, os tempos de crise podem ser uma boa oportunidade, ainda mais quando as opções de investimento na área digital no Brasil crescem consideravelmente. Não obstante o crescimento de investidores, é necessário contar com os relacionamentos existentes nas redes sociais que podem e devem ser explorados para identificar possibilidades de negócios, difundir ideias e desenvolver o empreendedorismo digital.

CIBEREMPREENDEDORES DE SUCESSO

O fato de o empreendedorismo digital estar crescendo em grande escala em um pequeno período de tempo não é novidade. Esse ramo de negócio vem tomando espaço entre os empreendedores. Muitos são os casos de sucesso.

É impossível falar em empreendedores de sucesso no âmbito digital sem falar em Bill Gates, que fez parte da revolução tecnológica com a Microsoft, Steve Jobs, fundador da empresa Apple, que tinha como lema "Inove sempre", ou o jovem Mark Zuckerberg, que criou a rede social mais acessada do mundo, o Facebook.

Muitos jovens, seguindo os passos de sucesso trilhados pelos empreendedores digitais, estão aparecendo nesta geração. Alguns nomes são: Drew Houston e Arash Ferdowsl, fundadores do Dropbox (serviço de armazenamento e compartilhamento de arquivos na internet, ou em "nuvem"), Kevin Systrom, criador do aplicativo Instagram, que foi vendido ao Facebook em 2012 por 1 bilhão de dólares.

Todos os empreendedores digitais citados fizeram o gerenciamento e a assunção de riscos sobre novos produtos e serviços, novos métodos de produção, novos mercados e novas formas de organização; desenvolveram novas formas de empreendedorismo digital e obtiveram sucesso nos empreendimentos digitais.

---

5 CAMPOS, Danilo. "Empreendedorismo digital no Brasil". Disponível em: <http://www.e-social.com.br/blog/2011/6/empreendedorismo-digital-no-brasil/>. Acesso em: 3 maio 2016.

Para se inspirar, leia a seguir sobre quatro empreendedores digitais de sucesso[6].

Marco Gomes

Empreendedor e apaixonado por tecnologia desde a adolescência, Marco Gomes é o fundador da Boo-Box, companhia que deu os primeiros passos no Brasil na área de publicidade on-line. Hoje, a companhia conta com 1.500 anunciantes e mais de 500 mil blogs em sua rede. Com pouco mais de cinco anos de existência, a empresa foi eleita uma das mais inovadoras do mundo. Hoje, com quase dez anos, é uma companhia sólida e disputa com grandes players do mercado internacional.

Romero Rodrigues

Fundador do Buscapé, comparador de preços de lojas on-line que ajudou a viabilizar no Brasil o comércio eletrônico, foi um dos primeiros nomes a se destacar no empreendedorismo digital brasileiro. Sua companhia foi a primeira *startup* brasileira a se internacionalizar e hoje está em vários países da América Latina. Atualmente, a companhia pertence a outro grupo, o Naspers, que a adquiriu em 2009.

André Street

Empreendedor serial, criou seu primeiro negócio aos 15 anos. Esse empreendimento foi a base do que mais tarde viria a ser a Braspag, que antes de passar à Cielo pertenceu ao Grupo Silvio Santos. A empresa é responsável por viabilizar pagamentos no varejo virtual e intermediar transações financeiras entre consumidores, lojistas, bancos e operadoras de cartões de crédito.

Bel Pesce

Fundadora da FazINOVA, escola de empreendedorismo e habilidades, ficou conhecida após lançar o livro *A Menina do Vale*, em que conta suas experiências no Vale do Silício, nos EUA. Foi considerada "uma das 100 pes-

---

6   "Conteúdo Administradores.com especial para o meuSucesso.com". Disponível em: <https://meusucesso.com/artigos/empreendedorismo/5-empreendedores-digitais-para-se-inspirar-460/>. Acesso em: 3 maio 2016.

soas mais influentes do Brasil", pela revista *Época*, e eleita entre "os 30 jovens mais promissores do Brasil", pela revista *Forbes*. Entrou na seleta lista dos "10 líderes brasileiros mais admirados pelos jovens", da Cia. de Talentos.

O que os empreendedores de sucesso descritos têm em comum? Todos escolheram um nicho de mercado para atuação digital, estudaram o perfil dos respectivos consumidores, planejaram, aproveitaram as oportunidades e ampliaram as perspectivas.

CAPÍTULO 2
Direito no empreendedorismo
Entrepreneurship law

Alan Moreira Lopes
Tarcisio Teixeira

A segurança jurídica é requisito para que tenhamos justiça. Daí a necessidade de a ciência jurídica aproximar-se das novas tecnologias e prover princípios capazes de tutelar a dinâmica dos negócios digitais sem "engessá-los", mas impedindo, por exemplo, situações de concorrência desleal na internet.

Diante da velocidade com que a tecnologia se desenvolve, é impossível normatizar determinado dispositivo de modo específico, sob pena de ser a lei ultrapassada rapidamente.

Na esteira desse pensamento, os legisladores e operadores do direito, que contribuem com a discussão legal no contexto virtual, têm, primordialmente, priorizado a elaboração de dispositivos legais principiológicos, ou seja, textos que rejam a essência e os objetivos das tecnologias. Assim, ainda que se desenvolvam novos equipamentos, estes poderão ser protegidos e regidos legalmente pelos mesmos princípios em vigor.

GOVERNANÇA JURÍDICA PARA EMPREENDER COM SEGURANÇA

Pensar em empreendedorismo importa, necessariamente, tratar da já mencionada inovação. É uma responsabilidade ainda maior quando se busca o meio eletrônico. Esse é um desafio, pois, além de disciplina e esforço, inovar exige de nós quebrar a tradicional tendência de aprender e repetir padrões.

O empreendedor, digital ou não, também é refém de determinadas tendências. Uma delas pode ser ilustrada quando se observa o que ocorre em inúmeras consultorias. O cliente normalmente discorre sobre suas dificuldades, desafios, problemas específicos e tem a convicção de que já possui o diagnóstico. Ele encomenda a solução nos moldes que conhece e que considera eficazes. Contudo, os consultores mais experientes reconhecem essa prática e não se limitam a desenvolver ou vender o produto, solução exatamente igual à descrita pelo cliente. Ao contrário, buscam, via questionamentos inteligentes, aprofundar seus conhecimentos acerca das premissas em tela e, a partir de então, promovem seu próprio diagnóstico, que, eventualmente, pode até coincidir com o do cliente.

Se não agir dessa maneira, qualquer empresário ou consultor estabelece riscos iminentes por não considerar aspectos de segurança necessários a projetos de qualquer natureza. Entre os importantes aspectos a considerar, destacamos os jurídicos. No Brasil, podemos citar como exemplo a disputa judicial entre a Apple e a Gradiente. Vejamos:

> Eugenio Staub, dono da Gradiente, contratou o advogado Antônio Carlos de Almeida Castro, o Kakay, para levar ao Superior Tribunal de Justiça (STJ) e ao Supremo Tribunal Federal (STF) sua guerra judicial contra a Apple pelo direito exclusivo no Brasil da marca iPhone, lançada por Steve Jobs em 2007. Em 2000, a Gradiente entrou com o pedido de registro do nome no Instituto Nacional de Propriedade Industrial (Inpi) e, oito anos depois, o direito foi concedido. Em junho, a Apple derrotou a Gradiente e o Inpi na segunda instância da Justiça do Rio de Janeiro[1].

Ademais, a falta de segurança jurídica ocasiona a violação de projetos industriais e informações, o que faz crescer o número de ajuizamento de ações de indenização entre empreendedores. Observe:

> Em 2011, a Renault demitiu três diretores por vazamento de informações sobre o projeto de carro elétrico. Em 2010, a MGA Entertainment acusou funcionários da Mattel de terem usado crachás de identificação falsos para acessar suas fábricas. Em 2009, a rede de hotéis Starwood acusou o grupo Hilton de

---

1   MARQUES, Eduardo. "Gradiente não desiste e quer levar disputa judicial contra a Apple ao STJ e ao STF". Disponível em: <https://macmagazine.com.br/2014/10/18/gradiente-nao-desiste-e--quer-levar-disputa-judicial-contra-a-apple-ao-stj-e-ao-stf/>. Acesso em: 3 maio 2016.

roubar informações. Em 2008, a Petrobras enfrentou uma situação envolvendo roubo de notebooks e discos rígidos a respeito das descobertas do pré-sal[2].

Essas considerações revelam a necessidade e a importância do conhecimento jurídico aplicado à segurança do empreendedorismo na internet. Desse modo, nossa próxima seção abordará aspectos práticos para a aplicação imediata em seu negócio digital.

O DIREITO DAS *STARTUPS*

Formalizando as expectativas dos fundadores

São vários os aspectos do direito que precisam ser observados pelo empreendedor, entretanto, nenhum é tão esquecido ou desconsiderado quanto a necessidade de formalizar as expectativas dos fundadores de um empreendimento ou *startup*.

Independentemente do modelo de negócio escolhido, certamente cada sócio-fundador vislumbra a nova empresa de modo particular.

Alguns a enxergarão como a oportunidade de empregar seus talentos, seus valores, sua energia, buscando dar significado ao trabalho, outros apenas considerarão empreender como uma ocupação diferente, um complemento de renda, a chance de não ter um chefe ou de conseguir a aposentadoria ainda na juventude.

É extremamente difícil deter todas as competências necessárias para empreender sozinho. Assim, surgirá a necessidade de buscar um sócio que também disponha de capacidade de entrega.

Todavia, o que deve restar hialino é que, para que o sonho de realizar as ideias não se torne foco de dores de cabeça, é preciso formalizar as intenções e tudo aquilo que for acordado entre os pretensos sócios. Vale lembrar que a integração jurídica de diferentes pessoas em um novo negócio pode ser considerada, analogicamente, um casamento.

Portanto, o que esta seção deseja sedimentar é que as regras desse "casamento empresarial" precisam, desde logo, ser estabelecidas. Não são raros os casos de separação acrescidos do término de amizades antigas, além de perdas financeiras originadas por desentendimentos.

---

2   BELLINI JUNIOR, Luiz Paulo. "Ciberespionagem: um mercado em ascensão". Disponível em: <http://www.mundori.com/colunistas/ciberespionagem-um-mercado-em-ascensao>. Acesso em: 3 maio 2016.

Quem pode ser empreendedor?

Qualquer pessoa pode ser um empreendedor? O que se quer estabelecer não são os adjetivos nem as qualidades de que alguém precisa para ser um empreendedor de sucesso.

Como regra, "qualquer pessoa pode estabelecer atividade empresarial, *desde que esteja em pleno gozo da sua capacidade civil, e não esteja impedida por lei*" (art. 972 do CC)[3] (grifos nossos).

Entretanto, há alguns impedimentos legais ao exercício de um empreendimento pela pessoa individual, ou por sócios, quais sejam: indivíduo falido e não reabilitado, funcionário público, militar, devedor do INSS e pessoas sujeitas a vedações de cunho constitucional.

Ainda nessa seara, cabe sinalizar àqueles que pretendem criar um empreendimento com o cônjuge a vedação do art. 977 do Código Civil brasileiro, que dispõe:

> Art. 977. Faculta-se aos cônjuges contratar sociedade, entre si ou com terceiros, desde que não tenham casado no regime da comunhão universal de bens, ou no da separação obrigatória [como nas hipóteses do art. 1.641 do Código Civil].

Esse artigo impede que os casais que optaram por um desses regimes de comunhão de bens integrem o quadro societário de uma empresa ao mesmo tempo.

Pois bem, conhecidas as particularidades daqueles que podem ou não constituir um negócio próprio, cabe apresentar o modo de celebrar juridicamente um acordo que contemple o interesse de todos os empreendedores.

Memorando de entendimento

O memorando de entendimento, também conhecido pela sigla em inglês MOU (*Memorandum of Understanding*), pode ser compreendido como um acordo bilateral. Nele devem ser dispostas todas as expectativas dos fundadores e pretensos sócios, seus papéis, suas responsabilidades e os respectivos aportes financeiros que serão individualmente efetuados no negócio.

---

3 TEIXEIRA, Tarcisio. *Direito empresarial sistematizado*: doutrina, jurisprudência e prática. 5. ed. São Paulo: Saraiva, 2016. p. 74 e seguintes.

Para a aplicação e redação dessa minuta, devem ser consagrados os princípios da boa-fé, da lealdade, da confiança e da transparência entre as partes. É unânime o entendimento de que à luz do art. 422 do Código Civil brasileiro os contratantes são obrigados a respeitar em todas as fases do contrato (tratativas, acordo/conclusão e cumprimento) os princípios de probidade e boa-fé.

Ainda que se trate de um acordo preliminar, um memorando de entendimento traz segurança jurídica aos empreendedores, pois, uma vez alinhados os pontos, um eventual rompimento poderá ensejar reparação caso ocorra dano provocado por dolo ou culpa. Nesse sentido leciona Maristela Basso:

> Cartas de intenção que balizam as negociações em curso. [...] um documento pré-contratual deste teor destina-se a evitar que o contrato definitivo se configure e reforça a exoneração de responsabilidade em caso de recesso das tratativas. Todavia, ainda que tais cláusulas sejam expressamente registradas, a parte que se defrontar com a ruptura abusiva das negociações não encontrará obstáculo em promover ação pelos prejuízos sofridos devido ao comportamento doloso, ou abusivo, da outra parte[4].

Portanto, antes mesmo da celebração de um contrato principal, é possível evitar conflitos futuros por meio da elaboração de um memorando de entendimento entre os empreendedores.

A depender do nível do entendimento entre as partes, também é possível a elaboração de um contrato preliminar, o qual disporá sobre os direitos e deveres que os contratantes pretendem estabelecer entre si num outro contrato futuro. É o caso, por exemplo, de uma promessa de compra e venda de um bem móvel ou imóvel. O contrato preliminar é mais seguro do que o memorando, pois estabelece desde a sua celebração um vínculo jurídico contratual entre as partes; e, não havendo cláusula que possibilite a desistência, torna-se obrigatório para elas a conclusão do contrato definitivo que se pretende no futuro. Se a parte infratora não cumprir o que foi acordado no contrato preliminar, pode o prejudicado pedir o cumprimento forçado por meio de ação judicial, sem prejuízo de eventual direito à indenização por perdas e danos[5].

---

4   BASSO, Maristela. *Contratos internacionais do comércio*. 2. ed. Porto Alegre: Livraria do Advogado. p.189.

5   Para mais detalhes sobre os contratos preliminares, veja: TEIXEIRA, Tarcisio. *Compromisso e promessa de compra e venda*: distinções e novas aplicações dos contratos preliminares. São Paulo: Saraiva, 2015. p. 29 e seguintes.

Acordos de confidencialidade (NDA)

Muito se utiliza de acordos de confidencialidade nas relações entre empreendedores e investidores. Mas essa não é a única aplicação prática de um acordo de confidencialidade no universo das *startups* e do empreendedorismo em geral.

Conhecido também pela sigla em inglês NDA (*Non Disclosure Agreement*), um acordo de confidencialidade pode e deve ser utilizado sempre que o sigilo for condição indispensável para a segurança jurídica de um negócio.

Esse cenário ocorre sempre que as negociações ou discussões sobre o projeto avançam no sentido de se tornarem um contrato principal. Desse modo, a definição dos compromissos entre as partes, as penalidades em caso de quebra do sigilo da confidencialidade das informações, a vigência do contrato e as disposições gerais, como a eleição do foro que eventualmente poderá dirimir dúvidas e/ou conflitos oriundos do acordo, devem estar nas principais cláusulas desse instrumento.

Ainda sobre o acordo de confidencialidade, é muito comum o discurso que o aponta como excesso de formalismo. Principalmente quando o contexto é a apresentação de uma ideia a um investidor. Tornou-se senso comum entre muitos "especialistas" em *startup* que não faz sentido um investidor assinar e arquivar diversos acordos de confidencialidade, uma vez que ele ainda não sabe exatamente do que a ideia trata. Todavia, não é esse o entendimento recomendável para uma prática legal segura. Nesse sentido, vale registrar como se manifesta José Antônio Milagre.

> Neste momento devemos ter cuidado com a confidencialidade do negócio, pois, como em todos os mercados, muitos "especuladores" surgem apenas para ter acesso à ideia. O acordo de confidencialidade é fundamental e não constitui excesso de formalismo, mas sim boa prática[6].

A insegurança pode surgir, por exemplo, quando alguém tem uma ideia para um aplicativo móvel ou site inovador. Nesses casos, o que o empreendedor digital deseja, e o que mais o preocupa, é evitar que sua criação seja plagiada. Tendo em vista a crença de muitos empreendedores de que suas ideias vão revolucionar o mundo (e de fato algumas o fazem), eles têm receio

---

6   Disponível em: <http://startupi.com.br/2014/05/anulacao-negocio-juridico-com-startups/#sthash. Af9hOhhz.dpuf>. Acesso em: 8 fev. 2016.

14   STARTUPS E INOVAÇÃO – DIREITO NO EMPREENDEDORISMO

de pôr em risco seu negócio no momento em que as apresentam para um investidor.

À primeira vista, a hipótese de que uma criação genial pode ser copiada nos faz considerar a necessidade de o empreendedor digital assinar um acordo de confidencialidade, ou NDA, que é muito utilizado pelo direito norte--americano. Vejamos:

> [...] [os acordos] nada mais são do que contratos celebrados entre 2 (duas) ou mais pessoas com o objetivo de se protegerem contra a divulgação não autorizada de informações de conteúdo sigiloso ou confidencial. Sendo assim, *o acordo de confidencialidade trata, na realidade, de um negócio jurídico em que uma ou ambas as partes envolvidas se comprometem a não revelar segredos a terceiros, geralmente mediante uma contraprestação financeira.* Dessa forma, o acordo de confidencialidade faz surgir uma relação de confiança entre as partes, ao proteger segredos e informações contra o acesso indevido de terceiros não autorizados[7]. [grifos nossos]

Contudo, duas situações precisam ser analisadas. A primeira faz menção de que, na prática, os investidores não assinam NDA apenas para ouvir o *Pitch* (apresentação da ideia). Nesse sentido:

> *Observe que dificilmente algum investidor irá assinar um NDA apenas para ouvir sua ideia,* pois recebemos múltiplas propostas semanalmente, assim, além de ser impraticável gerenciar inúmeros NDA, nenhum investidor irá querer se limitar logo de início a receber possíveis propostas similares. É claro que, *conforme as conversas evoluírem, no momento certo poderá ser estabelecido o acordo de confidencialidade,* mas o mais importante é conhecer a sua contraparte e estabelecer uma relação de confiança com ela, pois essa será a base de uma futura sociedade"[8]. [grifos nossos]

Vejamos opinião contrária:

> Existe uma discussão sobre a adequação ou não do uso dos acordos de confidencialidade no momento de apresentar o modelo de negócio de uma empre-

---

7   "Confidentiality Agreements". Disponível em: <http://www.ipr-elpdesk.org/documents/ConfidentialityAgreements>. Acesso em: 3 maio 2016.

8   SPINA, Cássio. "Quanto vale uma ideia?". Disponível em: <http://saudebusiness.com/noticias/quanto-vale-uma-ideia-3/?empreendersaude=1>. Acesso em: 3 maio 2016.

sa (inclusive *startups*) a um possível investidor, sob o argumento de que isso poderia significar que o empreendedor desde o início "desconfia" da idoneidade do investidor, o que seria um mau sinal para a negociação. Eu não vejo dessa forma: acho que *os empreendedores/empresários devem fazer uma avaliação sincera da existência de risco para seu negócio no caso de "vazamento" de determinada informação.* Se for verificado que há risco para a estratégia comercial da empresa ou qualquer outra estratégia interna, acredito que o empreendedor deve sim apresentar o documento ao investidor. Trata-se de uma relação profissional e de uma atitude usual no mercado, se o investidor encarar isso com descrédito, ele estará condenando uma prática extremamente profissional e consciente. Lembre-se de que *este é um documento que facilita e torna mais fluida a comunicação negocial entre as partes,* mostrando que os envolvidos estão atentos à saúde de seu negócio/estratégia comercial e desejam tratar disso com seus parceiros comerciais da forma mais transparente possível[9]. [grifos nossos]

A segunda questão refere-se à proteção dos bens imateriais, ou simplesmente da *propriedade intelectual,* a qual inclui a tutela das marcas, patentes de invenção e de modelos de utilidade – aprimoramento da invenção – (Lei n. 9.279/96), direitos autorais e conexos (Lei n. 9.610/98), programas de computadores (Lei n. 9.609/98), entre outros. No Brasil, e em diversos países, as normas da propriedade intelectual não protegem as ideias em si. Isso porque consideram que as ideias devem ser de livre circulação; logo, a proteção só é concedida a algo que efetivamente já tenha sido criado, fazendo jus à tutela por meio do registro de marca ou da obtenção de patente, por exemplo.

[...] as leis de proteção de propriedade intelectual de quase todos os países determinam que uma ideia não é patenteável; apenas uma invenção o é, assim, se considerar que sua ideia precisa de alguma proteção, transforme-a em uma invenção e faça uma patente[10].

O Instituto Nacional da Propriedade Industrial (Inpi) também lança luz à questão respondendo à seguinte pergunta:

---

9 REZENDE, Luiza. "Acordo de Confidencialidade (NDA – *Non Disclosure Agreement*): como, quando e para que utilizá-lo". Disponível em: <http://www.startupblogbrazil.com/2013/06/acordos--de-confidencialidade-nda-non.html>. Acesso em: 3 maio 2016.

10 SPINA, Cássio. "Quanto vale uma ideia?". Disponível em: <http://saudebusiness.com/noticias/quanto-vale-uma-ideia-3/>. Acesso em: 18 maio 2016.

16 STARTUPS E INOVAÇÃO – DIREITO NO EMPREENDEDORISMO

Posso patentear uma ideia? [resposta:] Não. Em primeiro lugar, a Lei de Propriedade Industrial (LPI) exclui de proteção como invenção e como modelo de utilidade uma série de ações, criações, *ideias abstratas,* atividades intelectuais, descobertas científicas, métodos ou inventos que não possam ser industrializados. Algumas destas criações podem ser protegidas pelo Direito Autoral, que nada tem a ver com o Inpi[11]. [grifos nossos]

Recorramos à Lei n. 9.279/96 (Lei de Propriedade Industrial) para corroborar com a informação do Inpi. Vejamos:

Art. 8º É patenteável a invenção que atenda aos requisitos de novidade, atividade inventiva e aplicação industrial.

Art. 9º É patenteável como modelo de utilidade o objeto de uso prático, ou parte deste, suscetível de aplicação industrial, que apresente nova forma ou disposição, envolvendo ato inventivo, que resulte em melhoria funcional no seu uso ou em sua fabricação.

Art. 10. *Não se consideram invenção nem modelo de utilidade:*

I – descobertas, teorias científicas e métodos matemáticos;

II – *concepções puramente abstratas;*

III – esquemas, planos, princípios ou métodos comerciais, contábeis, financeiros, educativos, publicitários, de sorteio e de fiscalização;

IV – as obras literárias, arquitetônicas, artísticas e científicas ou qualquer criação estética;

V – programas de computador em si;

VI – apresentação de informações;

VII – regras de jogo;

VIII – técnicas e métodos operatórios ou cirúrgicos, bem como métodos terapêuticos ou de diagnóstico, para aplicação no corpo humano ou animal; e

IX – o todo ou parte de seres vivos naturais e materiais biológicos encontrados na natureza, ou ainda que dela isolados, inclusive o genoma ou germoplasma de qualquer ser vivo natural e os processos biológicos naturais. [grifos nossos]

Tratando-se de transparência empresarial[12], em muitas reuniões deve, sim, ser utilizado um acordo de confidencialidade. Quanto à proteção, se a ideia

---

11 Disponível em: <http://www.inpi.gov.br/portal/artigo/patente_1351691647905#1>. Acesso em: 3 maio 2016.

12 Sobre a posição jurisprudencial acerca de registro de ideia: a 3ª Turma do STJ, por unanimidade, manteve decisão que *não* acolheu o pedido de reparação proposto pela empresa Mostaert – Publicidade e Promoções Ltda. contra o Banco Bradesco S/A, por indevida utilização de obra

envolver um programa de computador, pode-se recorrer à Lei de *Software* (Lei n. 9.609/98), que prevê que pode ser celebrado um contrato com um desenvolvedor para criar um programa de computador com base na sua ideia. Nesse sentido:

> O que você pode fazer é abrir a sua empresa, *registrar a marca no INPI* e, possivelmente, *registrar o software e outros materiais relacionados à ideia-base do seu modelo de negócio*, cabendo a consulta ao advogado para saber quais as opções de registro existentes e qual a melhor forma de se fazer isso. Em seguida, a melhor escolha é fazer seu *business* "virar", de fato acontecer, montar um planejamento e um time capaz que possam sustentar seu negócio junto com você e fazer com que ele se torne um líder no mercado em que escolher atuar [...][13]. [grifos nossos]

Por todo o exposto, verifica-se que não há como proteger uma ideia por si só pelas regras da propriedade intelectual; mas existem algumas alternativas, como no caso específico de programas de computador, em que se pode contratar alguém para materializar essa ideia e, a partir dessa concretização, buscar a proteção. Vejamos detalhadamente na próxima seção.

Desenvolvimento de *software* (*app*)

Muitos empreendedores digitais optam por estabelecer negócios direcionados ao desenvolvimento de um *software*, seja pela praticidade e pelo conhecimento técnico que possuem na área, seja pela capacidade dos aplicativos de solucionarem uma série de questões de ordem prática de nossa sociedade da informação.

---

intelectual. Segundo a empresa, o Bradesco apropriou-se de sua ideia – um projeto de captação compulsória por um prazo de doze meses, mediante compras efetuadas pelo cartão *Poupe Card* –, ao implantar o sistema de captação de poupança de doze anos, após a apresentação de seu projeto, sem nada lhe pagar. Em primeira instância, o pedido não foi acolhido. A empresa apelou, e o TJRJ manteve a sentença, entendendo que, "embora sejam criações do espírito, as ideias não ensejam direitos de propriedade ou de exclusividade. *Em consequência, o fato de alguém utilizar ideia desenvolvida por outrem, por si só, não constituindo violação das regras de direito autoral, não configura ato ilícito*, que dá origem ao direito de indenização" (grifo nosso). Disponível em: <http://www.e-marcas.com.br/registro-de-marcas/patente-de-ideia/#axzz3. WHsNUm8B>. Acesso em: 3 maio 2016.

13 REZENDE, Luiza S. "O que é protegido e o que não é de acordo com a lei de direitos autorais". Disponível em: <https://direitonasociedadedigital.wordpress.com/category/bitcoin/>. Acesso em: 3 maio 2016.

18 STARTUPS E INOVAÇÃO – DIREITO NO EMPREENDEDORISMO

A segurança jurídica para empresários e desenvolvedores inicia-se por um contrato, por escrito, estabelecendo-se o que segue[14].

1. **Propriedade intelectual.** Deve-se determinar na minuta do contrato quem é o "dono" do *software* ou aplicativo. Daí decorrerá o direito da exploração econômica. Observe-se:

> Para que fique assegurada a titularidade do programa de computador, contudo, é necessário que haja comprovação da autoria do mesmo, seja por meio de publicação, seja por meio de prova de criação do mesmo (sempre passível de um maior questionamento na esfera judicial). Desse modo, a critério do titular dos respectivos direitos, *para assegurar a titularidade, os programas de computador poderão ser registrados no Inpi, conferindo segurança jurídica aos negócios*[15]. [grifo nosso]

Aquele que detiver os direitos de propriedade intelectual sobre o produto é quem vai poder vendê-lo ou distribuí-lo; essa providência evita centenas de ações jurídicas.

2. **Cronograma de fases.** Com essa divisão, o programador tem a segurança de desenvolver um produto que, ao final, é resultado da validação constante do empreendedor.

3. **Pagamentos.** Podem ser estipulados por fase cumprida ou hora técnica. A hora técnica pode ser considerada subjetiva e de difícil comprovação, portanto, cláusula expressa em que acordem sobre o *quantum* devido a cada etapa revela-se dispositivo justo e coerente para ambos os contratantes.

4. **Garantia.** O que fazer em casos de *bugs* ou falhas de sistemas. Seu empreendimento contará com maior segurança se no contrato forem estabelecidas as condições de suporte após a entrega e a implementação no mercado.

---

14 LOPES, Alan Moreira. "Como desenvolver e comercializar *softwares* com segurança". *Diário Indústria & Comércio*, Curitiba, 27 maio 2015. Negócios & Direito Digital. p. B2.

15 Disponível em: <http://www.inpi.gov.br/menu-servicos/programa-de-computador/guia-completo-de-programa-de-computador>. Acesso em: 18 maio 2016.

Proteção jurídica no *e-commerce*

O empreendedor que optar por exercer sua atividade via *e-commerce* precisa conhecer os principais requisitos do Decreto federal n. 7.962/2013, que regulamenta o Código de Defesa do Consumidor acerca do comércio eletrônico. Assim, os sites e demais meios eletrônicos empregados (por exemplo, aplicativos, Facebook, canal no YouTube etc.) devem disponibilizar em local de destaque e de fácil visualização:

- o nome empresarial e o número do CNPJ (se pessoa física, nome completo e número do CPF);
- o endereço físico e eletrônico, entre outras informações pertinentes para sua localização e contato;
- as características essenciais do serviço; a discriminação de preço de quaisquer despesas adicionais ou acessórias, como as de entrega (por exemplo, de certificados de conclusão do curso);
- todas as condições da oferta, incluídas as formas de pagamento, disponibilidade, modo e prazo da execução do serviço;
- as informações claras e ostensivas a respeito de quaisquer restrições ao uso da oferta.

Além disso, a legislação exige daquele que opera no comércio eletrônico:

- apresentar um resumo do teor do contrato antes da efetiva contratação, com as informações necessárias ao pleno exercício do direito de escolha do consumidor, devendo enfatizar as cláusulas que limitem direitos;
- fornecer ferramentas eficazes ao consumidor para a identificação e a correção imediata de erros ocorridos nas etapas anteriores à finalização da contratação;
- confirmar imediatamente o recebimento da aceitação da oferta;
- disponibilizar o contrato ao consumidor em meio que permita sua conservação e reprodução imediatamente após a contratação;
- manter serviço adequado e eficaz de atendimento em meio eletrônico que possibilite ao consumidor a resolução de demandas referentes a informação, dúvida, reclamação, suspensão ou cancelamento do contrato;
- confirmar imediatamente o recebimento das demandas do consumidor pelo mesmo meio utilizado pelo consumidor;

20 STARTUPS E INOVAÇÃO – DIREITO NO EMPREENDEDORISMO

- utilizar mecanismos de segurança eficazes para pagamento e para evitar fraudes com os dados do consumidor.

Observar o prazo máximo de cinco dias para a empresa manifestar-se (apresentar resposta) junto ao consumidor quanto às dúvidas, às reclamações, às suspensões ou ao cancelamento do contrato.

Frise-se que o consumidor tem o direito de se arrepender da compra de produto ou contratação de serviço e assim pedir a rescisão do contrato e a devolução integral do pagamento no prazo de sete dias (se o serviço ainda não foi prestado). A empresa deve informar, de forma clara e ostensiva, os meios adequados e eficazes para o consumidor exercer o direito de se arrepender, devendo a empresa comunicar a ocorrência imediatamente à instituição financeira ou à administradora do cartão de crédito (ou similar), para que a operação não seja lançada na fatura do consumidor; caso já tenha sido efetivada, que se realize o estorno do valor. E, ainda, o consumidor deve poder exercer seu direito de arrependimento pela mesma ferramenta utilizada para a contratação, sem prejuízo de outros meios disponibilizados[16].

O decreto também trouxe regras para os fornecedores de sites de *compras coletivas*. Conforme o seu art. 3º, os sites dessa categoria de comércio (compras coletivas) ou assemelhados deverão conter, sem prejuízo do exigido pelo art. 2º, quando for o caso: quantidade mínima de consumidores para a efetivação do contrato; prazo para a utilização da oferta pelo consumidor; identificação do fornecedor responsável pelo site e do fornecedor do produto ou serviço ofertado. A compra coletiva é objeto de regulamentação pelo Projeto de Lei n. 1.232/2011, que visa a disciplinar a venda eletrônica coletiva de produtos e serviços por meio de sites, estabelecendo critérios para o funcionamento das empresas que operam nesse setor.

Com o descumprimento das regras fixadas pelo Decreto n. 7.962/2013, o empreendedor fica sujeito, conforme o caso, às seguintes sanções administrativas, sem prejuízo das de natureza civil, penal e outras definidas em normas específicas:

I – multa;
II – suspensão do fornecimento do serviço;
III – suspensão temporária da atividade;
IV – cassação de licença do estabelecimento ou da atividade;

---

16 TEIXEIRA, Tarcisio. *Comércio eletrônico* – conforme o Marco Civil da Internet e a regulamentação do *e-commerce* no Brasil. São Paulo: Saraiva, 2015. p. 80-2.

V – interdição, total ou parcial, do estabelecimento ou da atividade;

VI – intervenção administrativa;

VII – imposição de contrapropaganda [propaganda afirmando que se equivocou e/ou pedindo desculpas].

É bom ter em conta que a legislação não obriga a manter número de telefone como canal de contato (para reclamações, cancelamentos etc.). A exigência do Decreto n. 6.523/2008, que fixa normas gerais sobre o serviço de atendimento ao consumidor (SAC) via telefone, destina-se somente a fornecedores de serviços regulados pelo poder público em âmbito federal, ou seja, os serviços suscetíveis à regulamentação das agências reguladoras, como a Agência Nacional de Telecomunicações (Anatel), a Agência Nacional de Energia Elétrica (Aneel), a Agência Nacional de Saúde Suplementar (ANS) etc., ou órgãos equiparados às agências, como o Banco Central do Brasil (Bacen) e a Superintendência de Seguros Privados (Susep).

A aquisição de um plano de saúde, a contratação de um pacote de acesso à internet ou de telefonia móvel são casos em que o fornecedor precisará manter um SAC por telefone nos termos do decreto. Entretanto, o fornecedor de produto ou serviço que não esteja nesse âmbito, como a venda de eletrodomésticos, não está obrigado a manter o SAC via telefone[17].

Marco Civil da Internet e empreendedorismo

Se o empreendedor vai se utilizar de ferramentas que realizarão o cadastramento de nome, *e-mail*, cidade etc. dos clientes/usuários, isso pode configurar a formação de *mailing list* (banco de dados), o que leva à aplicação das regras do Marco Civil da Internet – Lei n. 12.965/2014, que estabelece princípios, garantias, direitos e deveres para o uso da internet no Brasil. Frise-se que tal lei foi regulamentada pelo Decreto n. 8.771, de 11 de maio de 2016, que trata das hipóteses admitidas de discriminação de pacotes de dados na internet e de degradação de tráfego, indica procedimentos para a guarda e a proteção de dados por provedores de conexão e de aplicações, aponta medidas de transparência na requisição de dados cadastrais pela administração pública e estabelece parâmetros para a fiscalização e apuração de infrações.

O Marco Civil da Internet trata, entre outras questões, da captação de dados (via preenchimento de formulários na tela ou uso de *cookies* – progra-

---

17 Para mais detalhes a respeito, veja: TEIXEIRA, Tarcisio. *Curso de direito e processo eletrônico:* doutrina, jurisprudência e prática. 3. ed. São Paulo: Saraiva, 2015. p. 234-9.

mas que captam dados) e da formação de banco de dados (por exemplo, de *e-mails*) e sua cessão ou comercialização para terceiros.

Conforme o art. 7º, o usuário tem direito a informações claras e completas sobre coleta, uso, armazenamento, tratamento e proteção de seus dados pessoais, que somente poderão ser utilizados para finalidades que justifiquem sua coleta, que não sejam vedadas pela legislação e que estejam especificadas nos contratos de prestação de serviços ou em termos de uso de aplicações de internet. É exigido o *consentimento expresso* sobre coleta, uso, armazenamento e tratamento de dados pessoais, que deverá constar de forma destacada das demais cláusulas contratuais[18].

Quanto à comercialização dos dados coletados, o mesmo art. 7º prevê que é direito do usuário o não fornecimento a terceiros de seus dados pessoais, salvo consentimento livre, expresso e informado. A vedação ao fornecimento de dados é aplicável independentemente de a cessão a terceiro ser a título oneroso ou gratuito.

Outro ponto do Marco Civil da Internet importante ao empreendedorismo está no art. 19. Vejamos:

> Art. 19. Com o intuito de assegurar a liberdade de expressão e impedir a censura, *o provedor de aplicações de internet somente poderá ser responsabilizado civilmente por danos decorrentes de conteúdo gerado por terceiros se, após ordem judicial específica, não tomar as providências para, no âmbito e nos limites técnicos do seu serviço e dentro do prazo assinalado, tornar indisponível o conteúdo apontado como infringente,* ressalvadas as disposições legais em contrário.
>
> § 1º A ordem judicial de que trata o *caput* deverá conter, sob pena de nulidade, identificação clara e específica do conteúdo apontado como infringente, que permita a localização inequívoca do material.
>
> § 2º A aplicação do disposto neste artigo para infrações a direitos de autor ou a direitos conexos depende de previsão legal específica, que deverá respeitar a liberdade de expressão e demais garantias previstas no art. 5º da Constituição Federal.
>
> § 3º As causas que versem sobre ressarcimento por danos decorrentes de conteúdos disponibilizados na internet relacionados à honra, à reputação ou a direitos de personalidade, bem como sobre a indisponibilização desses conteúdos por provedores de aplicações de internet, poderão ser apresentadas perante os juizados especiais.

---

18   TEIXEIRA, Tarcisio. *Marco Civil da Internet comentado.* São Paulo: Almedina, 2016. p. 38-40.

§ 4º O juiz, inclusive no procedimento previsto no § 3º, poderá antecipar, total ou parcialmente, os efeitos da tutela pretendida no pedido inicial, existindo prova inequívoca do fato e considerado o interesse da coletividade na disponibilização do conteúdo na internet, desde que presentes os requisitos de verossimilhança da alegação do autor e de fundado receio de dano irreparável ou de difícil reparação. [grifos nossos]

A importância desse artigo, principalmente a referência destacada acima, reside no fato de a responsabilidade não ser diretamente atribuída à pessoa física ou jurídica do empreendedor digital. Ou seja, em caso de má utilização dos serviços disponibilizados, por exemplo, por uma *startup*, esta somente será responsabilizada se, após ordem judicial específica, não tomar as providências para, no âmbito e nos limites técnicos do seu serviço e dentro do prazo assinalado, tornar indisponível o conteúdo apontado como infringente.

Essa proteção jurídica é positiva para investidores, uma vez que, atendidas as ordens judiciais para a retirada de conteúdo ilícito, a empresa não corre riscos de sofrer condenações relacionadas a indenizações, que muitas vezes podem arruinar um empreendimento.

Portanto, a responsabilização recai sobre o autor, afastando do empreendedor digital a atribuição de culpa, haja vista a impossibilidade técnica de monitorar todas as ações em meio eletrônico.

Vamos nos aprofundar no art. 7º da Lei n. 12.965/2014, pois ele também faz referência à questão relevante para os desbravadores digitais[19]. Vejamos o teor do artigo.

Art. 7º O acesso à internet é essencial ao exercício da cidadania, e *ao usuário são assegurados os seguintes direitos:*
I – inviolabilidade da intimidade e da vida privada, sua proteção e indenização pelo dano material ou moral decorrente de sua violação;
II – inviolabilidade e sigilo do fluxo de suas comunicações pela internet, salvo por ordem judicial, na forma da lei;
III – inviolabilidade e sigilo de suas comunicações privadas armazenadas, salvo por ordem judicial;
IV – não suspensão da conexão à internet, salvo por débito diretamente decorrente de sua utilização;
V – manutenção da qualidade contratada da conexão à internet;

---

19   TEIXEIRA, Tarcisio; LOPES, Alan Moreira. *Direito das novas tecnologias:* legislação eletrônica comentada, *mobile law* e segurança digital. São Paulo: Revista dos Tribunais, 2015. p. 19 e seguintes.

VI – informações claras e completas constantes dos contratos de prestação de serviços, com detalhamento sobre o regime de proteção aos registros de conexão e aos registros de acesso a aplicações de internet, bem como sobre práticas de gerenciamento da rede que possam afetar sua qualidade;

VII – não fornecimento a terceiros de seus dados pessoais, inclusive registros de conexão, e de acesso a aplicações de internet, salvo mediante consentimento livre, expresso e informado ou nas hipóteses previstas em lei;

VIII – informações claras e completas sobre coleta, uso, armazenamento, tratamento e *proteção de seus dados pessoais, que somente poderão ser utilizados para finalidades que:*

a) justifiquem sua coleta;

b) não sejam vedadas pela legislação; e

c) estejam especificadas nos contratos de prestação de serviços ou em termos de uso de aplicações de internet;

IX – consentimento expresso sobre coleta, uso, armazenamento e tratamento de dados pessoais, que deverá ocorrer de forma destacada das demais cláusulas contratuais;

X – exclusão definitiva dos dados pessoais que tiver fornecido a determinada aplicação de internet, a seu requerimento, ao término da relação entre as partes, ressalvadas as hipóteses de guarda obrigatória de registros previstas nesta Lei;

XI – publicidade e clareza de eventuais políticas de uso dos provedores de conexão à internet e de aplicações de internet;

XII – acessibilidade, consideradas as características físico-motoras, perceptivas, sensoriais, intelectuais e mentais do usuário, nos termos da lei; e

XIII – aplicação das normas de proteção e defesa do consumidor nas relações de consumo realizadas na internet. [grifos nossos]

Portanto, cabe às empresas digitais incluir em seus termos de uso informações detalhadas sobre a proteção dos registros de conexão e de acesso à internet, a segurança dos dados pessoais dos internautas e a justificativa de sua coleta e armazenamento. Tratando-se de termos de uso na internet, vejamos este ponto mais detalhadamente.

Termos de uso e política de privacidade – modelos

Para estar adequado à legislação sobre a tecnologia da informação, o site e/ou o aplicativo devem orientar os usuários sobre as regras internas e como as informações pessoais serão utilizadas.

Desse modo, para evitar riscos jurídicos, importa a urgente elaboração dos termos de uso e da política de privacidade. Esses dois documentos podem estar consolidados em um único arquivo/*link*, ou em arquivos/*links* separados, para salientar cada um dos temas de que tratam.

Nos *termos de uso* devem-se descrever o conteúdo e a finalidade do site ou do aplicativo, informando as "regras internas" para sua utilização. Devem-se incluir a proibição de postagens ofensivas e imorais e a vedação da reprodução de informações por pessoas não detentoras do direito autoral respectivo.

Já na *política de privacidade* é preciso informar como serão utilizadas as informações inseridas por usuários e se estas vão ser compartilhadas com outras pessoas ou empresas parceiras; ou ainda se as informações serão utilizadas para pesquisas que venham a proporcionar a melhora do desempenho do site/aplicativo.

Esses dois documentos são o primeiro passo rumo à proteção jurídica do site e/ou aplicativo de sua empresa. Com eles, ficará mais claro e explícito aos usuários e a terceiros quais condutas são permitidas e proibidas no ambiente do site/aplicativo. Por meio deles, a empresa também pode externalizar, por exemplo, sua intenção de compartilhar alguns dados com sites parceiros, para que o usuário esteja ciente desde o início de que ele só deve utilizar o site ou o aplicativo se estiver de acordo com referido compartilhamento.

A ausência desses esclarecimentos pode causar mal-entendidos que firam direitos de usuários ou de terceiros ou, ainda, que dificultem a defesa da empresa em um processo contra um usuário suspeito de ter cometido fraude, por exemplo.

Adiante, seguem os modelos de termos de uso e de política de privacidade, os quais são meramente sugestivos, sendo que o mais apropriado é que cada empreendedor considere suas particularidades ao elaborar os próprios documentos.

Modelo de termos de uso[20]

Termos de uso, o que significa? Também conhecido como condições gerais de uso, o documento traz regras estabelecidas pelo titular do site às quais os internautas precisam se ater ao navegar e/ou se cadastrar. É uma espécie de contrato de adesão em que o internauta concorda com suas regras

---

20 Este modelo é meramente sugestivo, devendo ser avaliado o caso concreto a fim de melhor estabelecer suas regras e interesses, sempre respeitando o que prevê a legislação.

no que diz respeito à navegação, ao acesso e ao uso do conteúdo do site (vídeos, palestras, artigos, informações etc.), bem como quanto ao cadastramento e à coleta de seus dados pessoais (*e-mails*, nomes etc.), ao seu armazenamento e à sua utilização.

Os termos de uso elaborados pelo (NOME DO SITE OU APLICATIVO) e todo o conteúdo disponibilizado pelo nosso site estão de acordo com a Constituição Federal brasileira, com o Marco Civil da Internet e com as normas de proteção do consumidor. Além disso, o conteúdo do site é protegido pela legislação que trata de direitos autorais, registro de marcas, patentes de invenção, registros de domínio etc.

Complementa os termos de uso do (NOME DO SITE OU APLICATIVO) a política de privacidade apresentada em nosso site. Ambos os documentos foram criados com o intuito de disponibilizar o conteúdo do nosso site de forma segura, permitindo que o usuário acesse e utilize corretamente as informações fornecidas.

Os termos de uso e a política de privacidade estão sujeitos a alterações sem prévio aviso, sendo importante que o usuário fique atento às atualizações. Navegando pelo site (NOME DO SITE OU APLICATIVO), o usuário reconhece e aceita os termos de uso e a política de privacidade estabelecidos, bem como suas atualizações. Assim, é importante o usuário revê-los a cada nova navegação.

Independentemente de o acesso ao conteúdo do site (vídeos, palestras, artigos, informações etc.) se dar de forma remunerada ou gratuita pelo usuário, este concorda que todo o conteúdo disponível no site (NOME DO SITE OU APLICATIVO) é protegido juridicamente, sendo expressamente proibido copiar, reproduzir, transmitir, comercializar, vender, publicar, licenciar, alugar, modificar, distribuir, adaptar, modificar, criar trabalhos a partir de tal material etc., sob pena de infração à lei, exceto os casos autorizados de modo expresso, que deverão ser solicitados via contato@................. .

A critério do titular do site (NOME DO SITE OU APLICATIVO), quando houver a necessidade de celebração de um contrato específico com o usuário (tanto para conteúdo remunerado como gratuito), as condições contratuais acordadas prevalecerão sobre estes termos de uso e sobre a política de privacidade, tendo esses documentos apenas aplicação subsidiária em caso de eventual omissão do contrato firmado, sem prejuízo da legislação aplicável.

O conteúdo do site (NOME DO SITE OU APLICATIVO) é destinado a pessoas maiores e capazes; por isso, sempre que possível, são empreendidos esforços para identificar casos que não se enquadrem nessa condição. E, especialmente no caso de compras, estas somente podem ser realizadas por pessoas maiores e com capacidade civil para tanto.

De qualquer maneira, pelo *e-mail* contato@................. , o usuário pode obter esclarecimentos sobre quaisquer dúvidas acerca dos termos de uso e da política de privacidade.

Modelo de política de privacidade[21]

Você sabe o que é política de privacidade? São as regras adotadas pelo titular do site quanto aos dados pessoais (como nome, *e-mail*, preferências etc.) dos internautas que navegam e/ou se cadastram nesse ambiente; isto é, se os dados são coletados, como são armazenados e utilizados.

O (NOME DO SITE OU APLICATIVO) respeita os seus usuários/internautas e, por isso, tem um sério compromisso com a transparência, a confiabilidade e a preservação da privacidade daqueles que navegam e/ou se cadastram pelo seu site.

A política de privacidade do (NOME DO SITE OU APLICATIVO) está de acordo com a Constituição Federal brasileira, com o Marco Civil da Internet e com as normas de proteção do consumidor.

Após a leitura desta política de privacidade, que é complementada pelos termos de uso do nosso portal, se continuar a navegar pelo nosso site, você os estará aceitando, bem como as suas atualizações, ficando sujeito às regras apresentadas e atualizadas.

Visando a garantir os dados e a privacidade dos usuários que acessam o site (NOME DO SITE OU APLICATIVO), eventuais informações e dados coletados ficarão protegidos com sistema de segurança adequado, independentemente de a captação se dar pelo preenchimento de formulários na tela ou por meio de *cookies*, *web beacons* etc. (programas de computador com o fim de coletar as preferências do internauta a partir da navegação do usuário no site). Esses dados não serão fornecidos a terceiros, exceto se previamente autorizado ou em decorrência de ordem judicial.

O (NOME DO SITE OU APLICATIVO) possui um compromisso com a segurança da informação na rede mundial de computadores seguindo regras de modo a evitar o envio de mensagens eletrônicas não solicitadas, não sendo consideradas como tal as mensagens com conteúdo de interesse do usuário enviadas pelo (NOME DO SITE OU APLICATIVO) e/ou eventuais empresas

---

21 Este modelo é meramente sugestivo, devendo ser avaliado o caso concreto a fim de melhor estabelecer suas regras e interesses, sempre respeitando o que prevê a legislação.

28   *STARTUPS E INOVAÇÃO – DIREITO NO EMPREENDEDORISMO*

coligadas ou contratadas para esse fim. A partir das preferências identificadas pelas nossas ferramentas é que ocorre o disparo das mensagens, que têm por objetivo informar acerca de assuntos que possam ser do interesse do destinatário, como palestras, cursos, informações relevantes sobre determinadas doenças/síndromes etc.

Para que o usuário tenha amplo acesso a notícias, informações e conteúdos disponibilizados pelo (NOME DO SITE OU APLICATIVO), poderemos expor a ele mensagens por meio de outros canais, como Facebook, Twitter, Instragam, SMS, telemarketing etc. Mas não nos responsabilizamos por eventual exposição de nossos produtos e serviços em sites de busca e anúncio, como no caso do Google, sobretudo quando o fazem de forma independente e sem contrato conosco.

A qualquer momento, o usuário tem a faculdade de decidir pelo recebimento de informações do (NOME DO SITE OU APLICATIVO). Se preferir, poderá solicitar o cancelamento do envio de mensagens, bem como solicitar esclarecimento sobre qualquer dúvida acerca da nossa política de privacidade e termos de uso. Para tanto, deverá escrever para contato@.................. .

Domínio e marca: fundamentais para empreender

Domínio, ou nome de domínio, é uma designação/expressão que serve para localizar conjuntos de computadores e serviços na internet.

O domínio está diretamente relacionado com o endereço IP (número de identificação) de um computador, ou seja, quando se está procurando por um nome de domínio, ou página na internet, na verdade está sendo buscado um endereço de um computador[22]. Assim, domínio nada mais é do que um nome que facilita a memorização e a localização de sites na rede, não sendo, pois, necessário ter de guardar na mente o número IP.

As funções do nome de domínio são basicamente duas: a primeira é ser o endereço eletrônico que possibilita a conexão do usuário com o conteúdo do site; e a segunda é estar relacionado a um nome que o identifica, que pode ser a marca ou o título do estabelecimento, seu nome empresarial etc.[23].

Em âmbito brasileiro, os registros dos nomes de domínio são feitos no site www.registro.br. O Registro.br é o ente responsável pelo registro e pela

---

22   ROHRMANN, Carlos Alberto. "O governo da internet: uma análise sob a ótica do direito das telecomunicações". *Revista da Faculdade de Direito Milton Campos*, p. 45 e 51.

23   TEIXEIRA, Tarcisio. *Curso de direito e processo eletrônico*: doutrina, jurisprudência e prática. 3. ed. São Paulo: Saraiva, 2015. p. 347-8.

manutenção dos nomes de domínio com a extensão ".br". Trata-se de órgão do Núcleo de Informação e Coordenação do Ponto BR (NIC.br).

O domínio na internet é único e, portanto, deve ser rapidamente obtido pelo empreendedor digital. Nesse sentido:

> *O Nome de Domínio* é seu Endereço Web (registro do Nome de Domínio). *É a sua identidade na internet, sua marca* on-line. Seus clientes vão lembrar desse nome e usá-lo para encontrar informações sobre sua empresa, seus produtos e serviços. Como em nenhuma hipótese podem existir dois nomes de domínio iguais para empresas diferentes, *seu Endereço* Web *é único.*
> Tecnicamente, um Endereço Web é uma construção de endereço empregada para identificar e localizar computadores na internet. Os computadores usam números de *Protocolo Internet (IP* – Internet Protocol*)* para se acharem entre si. As pessoas acham difícil memorizar esses números (p. ex., 172.18.16.23). Em decorrência, Endereços *Web* foram criados para facilitar a memorização de palavras e frases que identificam os endereços de internet[24]. [grifos nossos]

Por isso, o domínio é tão importante para qualquer empreendimento na internet. Associá-lo à *marca* é o mais comum, pois facilita a busca realizada pelos clientes.

Dessa forma, a marca é um meio de as pessoas identificarem um produto (ou serviço) diferenciando-o de outros. Ela é a representação gráfica, que pode ser uma palavra, uma expressão, um símbolo ou um emblema que é estampado no produto (ou serviço) para sua identificação[25].

O registro da marca é feito perante o Instituto Nacional de Propriedade Industrial (Inpi) (www.inpi.gov.br), sendo que o prazo de vigência da sua proteção é de dez anos, contados da data da concessão do registro. Ele pode ser prorrogável por períodos iguais e sucessivos, sem limite de vezes.

A insegurança jurídica que se quer ressaltar reside na possibilidade de empresas diferentes desejarem ter o mesmo domínio. Vejamos um caso prático.

A empresa Acumuladores Moura obteve no Tribunal de Justiça de São Paulo (TJSP) o *direito ao domínio de internet com a marca Baterias Moura,* registrado por um revendedor de seus produtos, o Comércio de Baterias Garcia, de São Bernardo do Campo (SP). O caso foi julgado pela 1ª Câmara Reservada de Direito Empresarial.

---

24 Disponível em: <http://www.startpoint.com.br/domin.htm>. Acesso em: 18 maio 2016.
25 TEIXEIRA, Tarcisio. *Direito empresarial sistematizado:* doutrina, jurisprudência e prática. 5. ed. São Paulo: Saraiva, 2016. p. 140-1.

Os desembargadores entenderam que a manutenção do registro em nome de Comércio de Baterias Garcia poderia prejudicar a Acumuladores Moura. "O domínio evidentemente foi usado para a apresentação das Baterias Garcia, usurpando o nome Moura", afirmou o desembargador Ênio Zuliani, revisor do caso.

Os magistrados, entretanto, negaram o pedido de indenização por danos morais e materiais da Acumuladores Moura, seguindo a decisão de primeira instância. Para a juíza Mariana Dalla Bernardina, da 8ª Vara Cível de São Bernardo do Campo, "da análise da página inicial do domínio www.baterias-moura.com, verifica-se que há destaque justamente para as baterias Moura. Logo, não se vislumbra a ocorrência da alegada perda de clientela, de rendimentos, de credibilidade ou mesmo de espaço no mercado".

A sentença de primeira instância, entretanto, não determinava a transferência do domínio à Acumuladores Moura. A juíza que analisou o caso afirma na decisão que o site está registrado no nome de um dos sócios da Baterias Garcia, que não constaria no processo.

De acordo com o advogado da Acumuladores Moura, Hugo Filardi, do Siqueira Castro Advogados, *o objetivo principal da ação era impedir a Baterias Garcia de confundir os consumidores. "O segundo era reaver esse domínio."* [grifos nossos]

A Baterias Garcia irá recorrer da decisão, segundo o advogado da empresa, Thiago Massicano, do Massicano Advogados. *"A marca é deles. Mas o domínio foi registrado pelo meu cliente"*, afirma[26]. [grifos nossos]

É interessante observar nesse caso que outros princípios são utilizados além da anterioridade. Se apenas esta fosse avaliada, o primeiro a solicitar o domínio[27] seria o proprietário. No entanto, a intenção de confundir os clien-

---

26 Disponível em: <http://alfonsin.com.br/moura-obtm-direito-a-domnio-na-internet/>. Acesso em: 4 fev. 2016.

27 A internet está se tornando um meio cada vez mais acessível à população brasileira e mundial. Com o avanço da internet e das tecnologias dela advindas, surgem conflitos no campo da propriedade intelectual. Um conflito que se tem verificado comumente se dá entre o nome de domínio na internet e a marca.

O registro do nome de domínio funciona pelo sistema *first to file*, ou seja, o primeiro que solicita o registro é o primeiro que o obtém efetivamente (essa é a regra). Por isso, no Brasil, o registro de nome de domínio é ato declaratório, atualmente de incumbência do Comitê Gestor da Internet no Brasil (CGI.br), órgão criado por decreto, que a delegou por meio da Resolução n. 1/2005 ao Núcleo de Informação e Coordenação do Ponto BR (NIC.br).

Agora, surge o problema quando esse nome registrado colide com marca titulada por terceiro, que ainda não tenha registrado o nome de domínio na internet.

Afinal, a marca registrada é propriedade industrial do seu titular, o que lhe confere o direito de impedir terceiros de dela fazer uso, principalmente quando se causa confusão.

tes deve ser ponderada, pois gera infrações jurídicas de concorrência desleal e enriquecimento ilícito.

Por todo o exposto, e considerando que são cada vez mais comuns conflitos entre os domínios registrados e as marcas, o direito digital deve agregar cada vez mais conteúdo para garantir a segurança jurídica dos que operam pela internet.

Em caso de domínios ".br", a solução para isso é submeter a questão ao Poder Judiciário, ressaltando-se também a existência de câmaras arbitrais específicas.

Muitas vezes, esses conflitos ocorrem porque não se exige a titularidade para o registro do nome de domínio, que será concedido a quem primeiro requerer o registro. Daí porque uma boa forma de evitar problemas seria requerê-lo concomitantemente à marca. Até porque existem casos em que o terceiro registra nome de domínio propositadamente idêntico para vendê-lo à empresa detentora da marca. Daí se estabelecem controvérsias, cuja competência para solução não é do CGI.br nem do NIC.br, que apenas registra os nomes, mas, como se viu, do Poder Judiciário ou câmaras arbitrais específicas, especialmente para os casos envolvendo domínios ".br", que deverão avaliar a questão sob vários aspectos, caso provocado pelo que se julgar prejudicado. Esse tipo de controvérsia entre marca e nome de domínio, em âmbito nacional, para os domínios ".br" será resolvido de acordo com as peculiaridades de cada caso. Parte-se do princípio de que, tratando-se de marca de alto renome ou notoriamente conhecida (esta em seu ramo de atividade), ela sempre prevalecerá sobre o registro de nome de domínio, tendo em vista a própria notoriedade desses tipos de marca.

Por outro lado, no caso de marca comum, tem-se utilizado como critérios a ocorrência de fatos como precedência do pedido de registro, possibilidade de confusão ao consumidor, aproveitamento parasitário, concorrência desleal, má-fé, identidade no ramo de atuação, entre outros.

A marca e o nome de domínio idênticos até podem conviver, mesmo que titulados por pessoas diferentes, mas desde que não se verifique a ocorrência das hipóteses acima mencionadas.

Assim, o terceiro titular de marca que se sentir prejudicado por um domínio ".br" deverá ajuizar, então, ação judicial visando não só ao cancelamento do nome de domínio ou transferência de titularidade para si, mas também à indenização por danos materiais e até morais se comprovada a existência de prejuízo.

Fonte: RAEFFRAY, Ana Paula Oriola de. "Marca *vs.* nome de domínio: um conflito cada vez mais comum no Brasil". Disponível em: <http://www.nic.br/imprensa/clipping/2013/midia048.htm>. Acesso em: 4 abr. 2016.

CAPÍTULO 3

Direito do trabalho e empreendedorismo "Reflexão trabalhista diante da iniciativa de empreender"

Roberta Yvon Fixel

O direito do trabalho é o braço jurídico responsável por regulamentar e fiscalizar todas as relações de trabalho ou de emprego. A legislação trabalhista, por meio da Consolidação das Leis do Trabalho (CLT), das leis específicas e também das súmulas e orientações jurisprudenciais dos tribunais, instrui as partes quanto aos seus direitos e também regula todo o trâmite das reclamatórias trabalhistas no Judiciário brasileiro.

O empreendedor no Brasil deve obrigatoriamente ter empregados aptos, física e tecnicamente, a exercer as atividades que sua empresa demanda e é sobre essa relação, empregado x empregador, que trataremos a seguir.

VÍNCULO EMPREGATÍCIO

Requisitos para o vínculo empregatício

As relações de trabalho podem ser das mais diversas espécies.
Para o nosso estudo, duas dessas espécies interessam:

a. sem vínculo empregatício, como no caso dos profissionais liberais e autônomos; ou
b. com vínculo empregatício, no caso dos empregados de pessoas físicas ou jurídicas na qualidade de empregadores.

A questão da ausência de vínculo de emprego será abordada oportunamente, no tópico Terceirização, dentro do tema "pejotização trabalhista".

É importante entender o que caracteriza de fato o vínculo empregatício. Para tanto, é necessário elencar os pressupostos legais aplicáveis ao caso. Vejamos.

Para que uma pessoa seja considerada "empregado" no Brasil são necessárias algumas condições listadas no art. 3º da CLT, que diz:

> Art. 3º Considera-se empregado toda pessoa física que prestar serviços de natureza não eventual a empregador, sob a dependência deste e mediante salário.
>
> Parágrafo único. Não haverá distinções relativas à espécie de emprego e à condição de trabalhador, nem entre o trabalho intelectual, técnico e manual.

Agora, vamos analisar os requisitos individualmente:

i. **Pessoalidade:** obrigatoriamente, o empregado deve ser pessoa física que preste serviços pessoalmente. Em resumo, a pessoalidade quer dizer que o empregado não pode se fazer substituir por outra pessoa (amigo, primo, irmão etc.) quando eventualmente precisar se ausentar de suas atividades. Ou seja: quando faltar ao trabalho, não poderá mandar outra pessoa em seu lugar. É necessário, portanto, que o empregado exerça suas funções de modo absolutamente pessoal.

ii. **Onerosidade:** a pessoa física contratada como empregado receberá por seus serviços um valor acordado a título de salário e, se contemplados no contrato de trabalho, os benefícios também concedidos àquele cargo. Referidos salários devem obrigatoriamente ser pagos até o quinto dia útil do mês subsequente à prestação de serviços, sob pena de configurar a justa causa do empregador (possibilidade que será analisada adiante).

iii. **Subordinação:** todo empregado fica adstrito às ordens e orientações de seu empregador, que tem por obrigação treinar e capacitar o obreiro de modo que ele possa desempenhar suas atividades a contento.

iv. **Habitualidade:** o empregado deverá prestar serviços de natureza não eventual, ou seja, com frequência e jornada de trabalho preestabelecidas em contrato.

Direitos do empregado

Todo empregado no Brasil tem direito a algumas verbas básicas, que, para fins de entendimento do empreendedor, serão tratadas neste livro como "verbas-padrão" de todo vínculo empregatício. São elas:

34 STARTUPS E INOVAÇÃO – DIREITO NO EMPREENDEDORISMO

i. Férias: na proporção de trinta dias por ano trabalhado, sendo que o pagamento das férias corresponderá a 1 (um) salário do empregado mais 1/3 deste valor, conforme previsto em lei.

ii. 13º salário: normalmente pago no mês de dezembro, diz respeito a uma bonificação de mais um salário depois de 12/12 meses trabalhados no ano, ou pago de forma proporcional aos meses efetivamente laborados.

iii. Fundo de Garantia por Tempo de Serviço (FGTS): depósito mensal em conta vinculada do empregado com a Caixa Econômica Federal na proporção de 8% de seu salário.

iv. Previdência Social (INSS): recolhimento mensal feito a título de valores pré-aposentadoria. A alíquota pode variar de 8 a 11%, a depender do salário recebido.

v. Horas extraordinárias: são pagas quando houver labor após a jornada pactuada em contrato de trabalho, sendo que a orientação do Judiciário brasileiro e da própria CLT é que a jornada do trabalhador comum seja de 8 horas/dia com no máximo 2 horas extras por dia, totalizando 10 horas de trabalho ao dia.

vi. Adicionais de periculosidade ou insalubridade: valores devidos quando o empregado for exposto a riscos sem a adequada paramentação com equipamentos de proteção individual (EPI) ou sem os treinamentos necessários ao exercício de suas funções.

Justa causa do empregador – o que não fazer?

Esta é uma modalidade pouco conhecida no mundo do empresariado, afinal, quando se ouve falar em "justa causa", a primeira ideia que vem à mente, pelo senso comum, é que o empregado cometeu alguma falta grave. No entanto, o contrário também é verdadeiro, como veremos a seguir.

O empregador, ao faltar gravemente com obrigações básicas previstas em lei ou no contrato de trabalho, pode provocar a rescisão indireta desse liame empregatício.

Explico: o art. 483 da CLT prevê situações que justificam o rompimento do vínculo empregatício por causa do empregador. Esses motivos podem ser legais ou contratuais e estão listados a seguir.

É importante dizer que, quando me refiro a empregador, estou incluindo todos os prepostos da empresa (profissionais que ocupam cargos de liderança, como presidente, vice-presidente, diretor, gerente, coordenador etc.). Atos praticados por eles que ofendam a legislação ou os termos do contrato de trabalho podem culminar na rescisão indireta deste vínculo (ou, como estamos tratando neste livro, na justa causa do empregador).

Assim, é evidente que cabe ao empregador, responsável pelo empreendimento, fiscalizar as relações e as ações de seus prepostos para com os demais empregados, de modo a evitar qualquer excesso por parte daqueles.

Cabe ainda diretamente ao empregador assegurar aos empregados o bom cumprimento das obrigações contratuais, tais como o pagamento de salários e benefícios em dia, o pagamento de horas extras, se for o caso, a concessão de férias, o respeito aos horários de intervalo etc., certificando-se de sua efetivação.

Antes de passarmos detalhadamente às faltas graves, capazes de ensejar a justa causa do empregador (ou a rescisão indireta do contrato de trabalho), vale dizer que essa situação, se ocorrer, deverá ser comunicada pelo empregado diretamente à Justiça do Trabalho, por meio de ajuizamento de processo chamado reclamatória trabalhista, a qual será apreciada e julgada por juiz federal competente para tanto.

O empregado que ajuizar reclamatória trabalhista contra seu empregador postulando a rescisão indireta do contrato de trabalho automaticamente atrairá para si o ônus de comprovar tudo o que alegar, seja por intermédio de documentos, seja por depoimentos testemunhais.

Motivos ensejadores da justa causa do empregador – art. 483 da CLT

Passaremos agora a analisar o texto do art. 483 da CLT, que prevê as hipóteses de rescisão indireta do contrato de trabalho.

"Art. 483. O empregado poderá considerar rescindido o contrato e pleitear a devida indenização quando:"

"*a)* forem exigidos serviços superiores às suas forças, defesos por lei, contrários aos bons costumes, ou alheios ao contrato;"

É caracterizada a justa causa por parte do empregador quando o chefe, líder imediato, coordenador etc. exigem do empregado forças intelectuais ou físicas que este não possui ou quando o obrigam a executar tarefas diferentes daquelas para as quais foi contratado. Um bom exemplo dessa situação é quando um empregado é obrigado a executar habitualmente tarefas correspondentes a um cargo de remuneração maior do que a sua sem a devida contraprestação.

"*b)* for tratado pelo empregador ou por seus superiores hierárquicos com rigor excessivo;"

É lógico que o empregador tem sobre o empregado o que chamamos no direito do trabalho de "poder de mando", ou seja, é permitido que o empregador coordene seus empregados e dê a eles ordens diretas, mormente sobre questões técnicas e operacionais. No entanto, o "poder de mando" segue até um limite, já que não é lícito que o empregador desrespeite, agrida, humilhe ou discrimine seus subordinados. Do mesmo modo, o empregador não pode punir com rigor excessivo seus empregados, devendo sempre pautar suas decisões na razoabilidade e proporcionalidade de seus atos.

"*c)* correr perigo manifesto de mal considerável;"

Também comete falta grave o chefe que exigir de seu subordinado a execução de tarefa perigosa para a sua integridade física, exceto se tal atividade já estiver contemplada no risco do negócio e se o empregado tiver sido devidamente treinado para isso.

"*d)* não cumprir o empregador as obrigações do contrato;"

Fica caracterizada, também, a falta grave quando o empregador não honra com as obrigações contratuais tempestivamente. Como exemplo, podemos pensar em atraso de salários, não recolhimento de FGTS e transferências compulsórias de local de trabalho sem provar a efetiva necessidade. É importante lembrar que alterações unilaterais do contrato de trabalho, ou seja, impostas pelo empregador, podem ser motivo suficiente para a caracterização da rescisão indireta desse contrato.

"*e)* praticar o empregador ou seus prepostos, contra ele ou pessoas de sua família, ato lesivo da honra e boa fama;"

Esta alínea trata das hipóteses em que o empregador possa caluniar, difamar ou injuriar seus empregados ou os familiares destes.

"*f)* o empregador ou seus prepostos ofenderem-no fisicamente, salvo em caso de legítima defesa, própria ou de outrem;"

Da mesma maneira que o direito criminal prevê a lesão corporal como crime, a esfera do direito do trabalho também regulamenta que a ofensa física causada pelo empregador ao empregado (ou aos familiares deste) culmina no término justificado da relação laboral, exceto se tal atitude for tomada em legítima defesa.

CAPÍTULO 3 – DIREITO DO TRABALHO E EMPREENDEDORISMO   37

"*g)* o empregador reduzir o seu trabalho, sendo este por peça ou tarefa, de forma a afetar sensivelmente a importância dos salários."

Existe um princípio previsto na Constituição da República que trata da impossibilidade de redução salarial, salvo em casos expressamente estipulados em acordo ou convenção coletiva de trabalho (com o aval do sindicato da categoria). Sendo assim, é vedado ao empregador diminuir unilateralmente o número de entregas do empregado, sejam elas peças, comissões, bonificações ou tarefas, de modo que afete sensivelmente o montante de seus salários.

NOÇÕES SOBRE TERCEIRIZAÇÃO (COM BASE NA LEI N. 13.429, DE 31.03.2017)

O que é terceirizar e o que pode ser terceirizado?

Este capítulo pretende trazer ao leitor algumas noções a respeito da terceirização de serviços, já que é uma prática tão comum no empresariado brasileiro. Além disso, houve recente mudança (Lei n. 13.429/2017) que alterou substancialmente trechos importantes desta legislação, o que será, também, abordado a seguir.

Terceirizar nada mais é do que delegar para outras empresas, geralmente especializadas, serviços e atividades que não se deseja executar internamente. Antes da nova lei, só poderiam ser terceirizadas atividades não essenciais ao negócio (atividades-meio), a fim de que os empregados diretos pudessem se concentrar na execução da atividade-fim da organização.

O grande diferencial da Lei n. 13.429/2017 é a previsão de contratação de serviços terceirizados para qualquer atividade, e não somente para atividades-meio, como ocorria no passado.

As normas da nova lei atingem empresas do ramo privado, empresas públicas, sociedades de economia mista, produtores rurais e profissionais liberais, exceto a administração pública direta, fundações e autarquias.

Há duas principais correntes em relação às mudanças na legislação das atividades terceirizadas: uma, dos representantes dos trabalhadores (sindicatos), argumenta que a Lei n. 13.429/2017 pode precarizar o mercado de trabalho e banalizar os salários dos empregados terceirizados, aumentando a rotatividade nas empresas; a outra, composta de empreendedores (empresários), no entanto, aposta que a legislação promoverá mais possibilidades de contratação e, consequentemente, maior empregabilidade.

Basicamente, a alteração da lei envolve três grandes polêmicas. São elas: a) a abrangência das terceirizações também para as atividades-fim; b) a representatividade sindical, que passa a ser do sindicato da empresa prestadora de serviços e não mais da empresa tomadora, independentemente do ramo de negócios da contratante; e c) a possibilidade de terceirização no serviço público.

Atividade-meio é aquela em que não há participação direta na formação do produto ou serviço final. Como atividade-fim, devemos entender o objetivo principal da empresa, seu *core business*, normalmente expresso nas cláusulas que tratam do objeto em seu contrato ou estatuto social.

Exemplificando: se você possui uma empresa especializada em fabricar caminhões, esta é sua atividade-fim. Logo, você não poderia, no passado, terceirizar os empregados do chão de fábrica, contratados como "montadores", "operadores de produção", "engenheiros" etc. Já como atividade-meio, ou seja, atividade não essencial à fabricação de um caminhão, podemos citar diversos exemplos, como serviços de limpeza e vigilância, jardinagem, manutenção predial, entre outros.

Digamos que, resumidamente, atividades-meio são aquelas das quais o *business* não depende diretamente para prosperar. No entanto, a partir de agora e desde que determinados e especificados em contrato, os serviços atinentes à atividade-fim da empresa tambem poderão ser terceirizados.

Importante dizer que, apesar da nova redação e da possibilidade irrestrita para a contratação de serviços terceirizados, a nova Lei não altera direitos da Consolidação das Leis do Trabalho (CLT). O trabalhador terceirizado continua recebendo férias, décimo terceiro salário e horas extras, se for o caso. Além disso, a Lei impede que seja firmado um contrato de terceirização nos casos de preexistência de vínculo empregatício. Ou seja, o empregado contratado de forma direta pela empresa não pode ser demitido e recontratado como terceirizado. Além disso, o trabalhador terceirizado não pode ser remanejado para uma função distinta daquela para a qual foi contratado, daí a exigência e a importância dos serviços terceirizados serem determinados e especificados em contrato.

Legislação *versus* riscos

A terceirização ainda não está prevista na CLT e até pouco tempo atrás estava regulamentada apenas pela Súmula n. 331 do Tribunal Superior do Trabalho (TST). Após a publicação da Lei n. 13.429/2017, o entendimento jurisprudencial sumulado perde força e passam a valer novas regras, como vimos anteriormente.

CAPÍTULO 3 – DIREITO DO TRABALHO E EMPREENDEDORISMO   **39**

A rigor, algumas coisas não mudam, como o fato de a relação entre tomador de serviços e empregado terceirizado não gerar vínculo empregatício, exceto se configurados os requisitos do art. 3º da CLT (subordinação, pessoalidade, habitualidade e onerosidade), tratados em um dos tópicos acima.

Assim, é fundamental que, ao tomar os serviços fornecidos por empresa terceirizada, o empregador exija em contrato que a prestadora se responsabilize integralmente por seus empregados, de modo, inclusive, a ceder um supervisor ou preposto para fiscalizar a prestação de serviços pessoalmente dentro da sede da contratante.

Aliás, vale dizer também que não importa para a contratante qual será o empregado terceirizado que prestará o serviço, o que importa é o resultado final, pois a contratação trata sempre dos serviços e não da pessoa do empregado da contratada.

Pois bem, como o maior risco advindo da terceirização é sua ilicitude – que acarreta no vínculo de emprego direto com o tomador de serviços –, algumas atitudes devem ser evitadas no trato com o empregado terceirizado mesmo na vigência da nova lei. Cito algumas para o alerta de quem pretende empreender e tem planos de terceirizar algumas de suas atividades.

O tomador de serviços não pode:

- dar ordens diretas aos funcionários da contratada. Estas devem ser dadas pelos supervisores/prepostos *in loco* e não pelo tomador de serviços;
- controlar o horário de trabalho do empregado terceirizado (entradas, atrasos, férias etc.) ou exigir que o empregado terceirizado cumpra o horário de trabalho da empresa tomadora;
- fazer a gestão da remuneração do empregado terceirizado (salário, mérito e outros benefícios);
- intermediar questões relativas ao atraso de pagamento de salários da empresa contratada para o empregado terceirizado;
- dar *feedback* diretamente ao empregado terceirizado, sem a participação do preposto da empresa prestadora de serviços;
- entrevistar o empregado a ser terceirizado ou exigir que os serviços sejam prestados pelo funcionário "x" da contratada (tornar a relação com o empregado terceirizado pessoal);
- determinar diretamente as atividades e como o empregado terceirizado deve executá-las.

40   *STARTUPS* E INOVAÇÃO – DIREITO NO EMPREENDEDORISMO

Igualmente, existem limites para que a relação entre empregado terceirizado e tomadora de serviços não configure vínculo de emprego em hipótese alguma. Assim, o terceiro não pode:

- executar as mesmas atividades ou ter as mesmas responsabilidades que um empregado da tomadora;
- assumir compromissos em nome da tomadora de serviços;
- representar a tomadora em compromissos judiciais ou similares.

Além dos cuidados já mencionados, algumas outras atitudes preventivas podem ser tomadas pelo empreendedor ao contratar um serviço terceirizado, já que, independentemente do pedido de vínculo, o terceiro poderá também postular a responsabilização subsidiária – ou até mesmo solidária – da tomadora. Isto é, em caso de insolvência da empresa prestadora de serviços, eventuais débitos trabalhistas poderão recair sobre a contratante (tomadora dos serviços). As atitudes preventivas são:

i.   formalizar um contrato de prestação de serviços determinados e específicos, por escrito, com a empresa terceirizada;
ii. checar a idoneidade e a solidez da contratada, fazendo, inclusive, uma análise financeira do *status* da empresa;
iii. verificar a validade e a vigência de certificados, licenças e alvarás para a execução dos serviços oferecidos pela contratada, quando for o caso.

A título de curiosidade: saiba que o Ministério do Trabalho não tem números oficiais de terceirizados no Brasil. Porém, de acordo com uma pesquisa da CUT em parceria com o Dieese, o total de trabalhadores terceirizados em 2013 no Brasil correspondia a 26,8% do mercado formal de trabalho, somando 12,7 milhões de assalariados. Ainda segundo a pesquisa, os estados com maior proporção de empregados terceirizados são: São Paulo (30,5%), Ceará (29,7%), Rio de Janeiro (29%), Santa Catarina (28%) e Espírito Santo (27,1%)[1]. De acordo com sindicatos envolvidos na prestação de serviços terceirizados, em 2014 a terceirização empregava 14,3 milhões de trabalhadores formais no país. O setor é composto de 790 mil empresas, que faturam R$ 536 bilhões ao ano. A nosso ver, a tendência com a nova legislação é que estes números aumentem consideravelmente em médio e longo prazo.

---

1   Disponível em: <http://g1.globo.com/concursos-e-emprego/noticia/2015/04/entenda-o-projeto-de-lei-da-terceirizacao-que-sera-votado.html>. Acesso em: 22 abr. 2016.

PEJOTIZAÇÃO DA PESSOA FÍSICA. FRAUDE À LEGISLAÇÃO TRABALHISTA

Quando soube que escreveria um capítulo sobre direito do trabalho voltado a empreendedores, pensei que fosse fundamental fazer-lhes alguns alertas. Além dos alertas procedimentais já elencados anteriormente, convém mencionar rapidamente também uma prática comum no mercado de trabalho atual, que é absolutamente vedada pela legislação e configura fraude. É a chamada "pejotização trabalhista".

Pois bem, "pejotizar" uma pessoa física nada mais é do que contratá-la como pessoa jurídica, mediante contrato de prestação de serviços de natureza civil, sendo que na realidade essa pessoa é empregada e preenche todos os requisitos do art. 3° da CLT detalhados anteriormente. Essa atitude de "pejotizar" acontece com o objetivo principal de desonerar o empregador dos direitos trabalhistas garantidos ao empregado e, por essa razão, é considerada uma prática ilegal de mercado. Aliás, o direito do trabalho trata essa prática como fraude, por isso a *red flag* é tão relevante.

Um dos princípios norteadores de toda a relação laboral é a primazia da realidade sobre a forma. Esse princípio se baseia no que ocorre, de fato, na relação empregatícia, independentemente de formalização documental em sentido diverso. Por essa razão, no caso de ser comprovada a "pejotização", o contrato de prestação de serviços celebrado com a pessoa jurídica, muitas vezes constituído de fato a pedido do empregador e apenas para evitar – ou tentar evitar – o vínculo empregatício é, na prática, irrelevante. Isso porque o princípio da realidade sobre a forma diz que o que vale legalmente é a realidade fática da relação laboral, que nesse caso estaria sendo forjada mediante a contratação de uma pessoa jurídica que na verdade não é uma empresa. O fato é que, quando surgir a dúvida entre o que ocorre na realidade fática e o que a formalidade dos documentos comprova, a realidade de fato prevalecerá.

Além disso, outro princípio vigente e bastante utilizado no direito do trabalho é o *in dubio pro operario*, que, em tradução livre, quer dizer "na dúvida, a razão está com o empregado". Essa proteção ao trabalhador se dá especialmente pela condição de hipossuficiência do empregado em relação ao empregador e pelo fato de a "pejotização" visar a lucros e resultados apenas para o empregador, sendo que, sob ótica alguma, é a condição mais favorável ao obreiro, que passa a ter suprimidos de sua remuneração mensal vários direitos assegurados constitucionalmente, o que o prejudica, inclusive, na contagem de tempo para aposentadoria.

A "pejotização" é instituto absolutamente contrário à típica relação de emprego e fere inúmeros direitos do trabalhador, que já é visto pela legislação e pela jurisprudência como o elo mais fraco do vínculo.

O art. 9º da CLT prevê em seu texto a nulidade da "pejotização". Vejamos: "Art. 9º Serão nulos de pleno direito os atos praticados com o objetivo de desvirtuar, impedir ou fraudar a aplicação dos preceitos contidos na presente Consolidação".

Além de incidir em fraude trabalhista, se incorrer nessa situação, o empregador poderá responder também na esfera criminal, já que a "pejotização trabalhista" é considerada crime contra a organização do trabalho, passível de detenção e multa. Observe-se o que diz o art. 203 do Código Penal:

> Art. 203. Frustrar, mediante fraude ou violência, direito assegurado pela legislação do trabalho:
> Pena – detenção de 1 (um) ano a 2 (dois) anos, e multa, além da pena correspondente à violência.
> § 1º Na mesma pena incorre quem:
> [...]
> § 2º A pena é aumentada de 1/6 (um sexto) a 1/3 (um terço) se a vítima é menor de 18 (dezoito) anos, idosa, gestante, indígena ou portador de deficiência física ou mental.

As relações de trabalho são dinâmicas, assim como a evolução do direito do trabalho, para se adequar às mudanças da sociedade. Porém, é importante abordar o tema já que é recorrente no mercado de trabalho e chama muito a atenção do Judiciário.

Mais: o cenário mundial, e especialmente o nacional, faz com que o empreendedor se preocupe com questões de *compliance* e boas práticas, já que a corrupção está muito em voga e sendo fiscalizada ativamente pelas autoridades competentes. Vale o alerta.

INOVAÇÕES RELEVANTES DA REFORMA TRABALHISTA (LEI N. 13.467, DE 13.07.2017)

A Lei n. 13.467/2017 – popularmente conhecida como "Reforma Trabalhista" – passou a vigorar no país em novembro do mesmo ano. As alterações trazidas pela Reforma têm o condão de "atualizar" as demandas e modernizar as relações de trabalho e emprego, já que a CLT foi publicada em 1943 e, até então, havia sofrido poucas e pontuais alterações.

No nosso entendimento, as mudanças mais relevantes e inovadoras que podem beneficiar e ajudar diretamente as contratações e rescisões do empregador, se aplicadas de maneira correta, são:

i. **contrato de trabalho intermitente:** nova modalidade de admissão de empregados para empresas que têm demanda aleatória ou sazonal, ou seja, com alternância de períodos de prestação de serviços e de inatividade para aquela função. Deve ser formalizado com contrato escrito, em que deve constar expressamente o valor da hora contratada. A comunicação de necessidade do serviço deve ser feita com antecedência razoável de pelo menos 3 (três) dias e pode ou não ser aceita pelo empregado (já que não há exclusividade). O período em que o trabalhador estiver inativo não será computado como tempo à disposição. Ao final de cada período de prestação de serviço (definido em contrato), o empregado receberá o pagamento imediato das seguintes parcelas: remuneração; férias proporcionais com acréscimo de um terço; 13° salário proporcional; repouso semanal remunerado; adicionais legais. A regulamentação completa dessa modalidade contratual está prevista no art. 452-A e parágrafos da CLT;

ii. **acordo individual de compensação e banco de horas:** a legislação trabalhista permite agora que sejam formalizados acordos de compensação (acréscimo de jornada em dias determinados para descansar em dia também predeterminado. Por exemplo: aumentar a jornada durante a semana para folgar aos sábados) ou banco de horas individuais (prorrogação da jornada normal sem que exista um dia específico para a compensação) diretamente entre empresa e empregado, sem necessidade de envolvimento do sindicato na negociação. Em ambos os casos mantém-se o entendimento de que só poderão ser realizadas duas horas extras a mais por dia, limitando o labor a dez horas diárias. O banco de horas individual é limitado ao prazo máximo de vigência de seis meses, e a compensação do acordo individual deverá ocorrer dentro do mesmo mês de prestação da hora extra. Essas inovações estão previstas no art. 59, §§ 5° e § 6°, da CLT;

iii. **rescisão por comum acordo:** prevista no art. 484-A da CLT, esta modalidade de rescisão de contrato permite relevante redução nos custos rescisórios, cabendo ao empregador o pagamento de 20% do saldo total referente à multa do FGTS e 50% do valor devido a título de aviso prévio (se indenizado). Em contrapartida, o empregado receberá as verbas normais próprias da demissão sem justa causa, porém poderá acessar apenas 80% do montante depositado na conta vinculada do FGTS e não terá direito ao benefício do seguro-desemprego;

iv. **contribuição sindical:** desde novembro de 2017 deixaram de ser obrigatórias as contribuições sindicais anuais instituídas pelos sindicatos de classe, nos termos do art. 578 da CLT;

v. **prêmios:** o art. 457, § 4º, da CLT disciplina que, a partir da reforma da lei, o empregador pode pagar valores extras, bens ou serviços ao seu time – mesmo que de maneira habitual – sem que sobre eles incidam encargos trabalhistas e previdenciários. Para isso, é necessário ser bem evidente a *performance* extraordinária do empregado que fará jus ao benefício.

Mais um dos pontos importantes da Reforma Trabalhista é o fato de que agora a parte que perde algum pedido é condenada a pagar honorários de sucumbência ao advogado da parte contrária. Esse fato, por si só, já diminuiu consideravelmente o ajuizamento de ações trabalhistas no Brasil (desde a vigência da Lei). E quando se decide ajuizar a ação mesmo assim, a lei nova faz com que a parte automaticamente distribua uma ação mais enxuta, com menos pedidos fantasiosos (o que era regra no passado, infelizmente) – e menor risco de perda pelo ex-empregado, consequentemente. Em resumo: são menos ações, porém ações mais "certeiras" e que exigem maior atenção por parte da empresa demandada.

CONSIDERAÇÕES FINAIS

Espera-se que este capítulo tenha colaborado para a estruturação da modelagem de negócio do novo empreendedor no mercado, já que, sem mão de obra, dificilmente o empreendimento tem alguma condição de prosperar.

Por trás do *business* existe uma esfera legal importante e fundamental ao bom desempenho do negócio, sendo que o descumprimento da legislação trabalhista acarreta a incidência de fiscalizações e aplicação de multas pesadas, que podem comprometer toda a estrutura organizacional de uma empresa. A informação ainda é a melhor forma de prevenir surpresas desagradáveis decorrentes, muitas vezes, de meros descuidos ou desconhecimentos administrativos ou jurídicos.

CAPÍTULO 4
Direito empresarial e societário para empreendedores

Bernardo Mattei de Cabane Oliveira

ENTENDA OS TIPOS EMPRESARIAIS E SOCIETÁRIOS

O empreendedor brasileiro tem à sua disposição uma série de ferramentas legais para proteger o capital investido, bem como para permitir o ingresso de novos sócios investidores no negócio.

Outro ponto que merece destaque no momento da escolha do tipo empresarial ou societário pelo empreendedor é o seguinte: em eventual fracasso do negócio, o patrimônio pessoal já adquirido estará efetivamente seguro?

Neste capítulo, apresentaremos alguns dos modelos empresariais e societários mais utilizados por empresários para montar o seu negócio, descrevendo suas principais características, vantagens e desvantagens. É importante salientar que, conforme o negócio avança, o modelo societário utilizado pelo empreendedor deve acompanhar essa mudança.

Imagine a seguinte situação: determinada empresa, cujo faturamento alcança a casa dos milhões, utiliza-se ainda do modelo de sociedade limitada. De acordo com a legislação, não há impeditivo algum, contudo, assim que o negócio amadurece, o empreendedor deve ficar atento a novas formas de controle daquela empresa que um dia foi uma *startup* mas hoje poderia ser uma companhia, por exemplo.

Portanto, neste capítulo o empreendedor terá algumas informações acerca dos tipos empresariais e societários que a legislação brasileira abrange, bem como os mais utilizados.

Procuramos apresentar alguns pontos importantes para o empreendedor, por exemplo, quando uma *startup* recebe a injeção de recursos financeiros de um novo sócio, como o fundador da companhia poderá protegê-la? Terá ele ainda força política e decisória dentro da empresa? Será possível a instalação de um conselho fiscal? Quais os requisitos para tanto?

Nossa pretensão é mostrar, pela legislação, saídas e caminhos para possíveis problemas que o fundador venha a enfrentar com sócios, com o negócio, com o Fisco ou com bancos, sejam eles da natureza que forem e com qualquer denominação que o mercado adote: sócio, investidor, anjo.

Empresário individual

Pode-se ter em conta que a palavra "empresário" é gênero do qual o empresário individual, a sociedade empresária e a empresa individual de responsabilidade limitada são espécies.

O Código Civil de 2002 ora usa a palavra "empresário" para designar o gênero (art. 966), ora para designar a espécie – empresário individual (art. 1.150). Por sua vez, empresário individual é aquele que, independentemente do motivo, opta por desenvolver sua atividade econômica de modo isolado, sem a participação de sócios.

Ao empresário individual é assegurado o direito à inscrição (a lei considera isso um dever), à recuperação de empresas, à autofalência e à utilização dos seus livros como prova em processo judicial; estes também são direitos assegurados à sociedade empresária.

No entanto, o empresário individual não goza da limitação de responsabilidade e da separação patrimonial, princípios inerentes às sociedades empresárias e às empresas individuais de responsabilidade limitada (EIRELIs).

Em sua atividade solitária, não se consideram em separado o patrimônio da empresa e o patrimônio pessoal; logo, a responsabilidade do empresário individual pelas obrigações firmadas em razão do seu negócio é ilimitada. Ele responde, inclusive, com seu patrimônio pessoal, ainda que sua empresa tenha patrimônio próprio.

Por isso, seria possível questionar sobre as razões que levam um empresário a matricular-se na Junta Comercial. Acontece que, entre outros benefícios, a regularização do empresário individual lhe assegura direitos como a recuperação de empresas, o uso dos livros contábeis como prova em processo judicial e também vantagens tributárias (que somente são possíveis se possuir um Cadastro Nacional de Pessoas Jurídica – CNPJ –, mantido pela Receita Federal do Brasil, sem prejuízo de outros requisitos).

É pertinente apontar que o empresário individual pode admitir sócios, nesse caso solicitará ao Registro Público das Empresas Mercantis a transformação de sua inscrição como empresário individual para a de sociedade empresária (art. 968, § 3º, do CC). Também poderá solicitar sua transformação para EIRELI. Em ambos os casos, deverão ser respeitadas as regras firmadas pelo Departamento de Registro Empresarial e Integração (Drei), antigo Departamento Nacional de Registro do Comércio (DNRC), em especial a Instrução Normativa n. 10, de 5 de dezembro de 2013 (Anexo 5), que fixa regras para a transformação de registro de empresário individual para sociedade empresária, contratual, ou para empresa individual de responsabilidade limitada, e vice-versa, e dá outras providências.

Sociedade empresária

A sociedade empresária, como espécie do gênero empresário, é um contrato (acordo) de duas ou mais partes para constituir, regular ou extinguir entre elas uma relação jurídica de direito patrimonial.

Sócios podem ser pessoas físicas ou jurídicas. Não existe sociedade que envolva apenas uma pessoa. Uma sociedade pressupõe no mínimo duas partes. As partes que firmam um contrato de sociedade passam a ser sócias.

Há dois princípios básicos que norteiam a sociedade empresária: o princípio da *separação patrimonial* e o princípio da *limitação da responsabilidade*.

No primeiro princípio, *separação patrimonial* (ou autonomia patrimonial), o patrimônio da empresa é diferente do patrimônio pessoal dos sócios, pois estes, ao constituírem uma sociedade, fazem um aporte de bens ou capital para formar o patrimônio da empresa. Isso faz com que o seu patrimônio de sócio (pessoa física ou jurídica) seja diferente do patrimônio da empresa (sociedade), sendo que, em geral, seu patrimônio pessoal não poderá ser afetado por dívidas da sociedade (abstração do CPC/73, art. 596, *caput*) [art. 795 do CPC/2015].

Já no segundo princípio, o da *limitação da responsabilidade*, a responsabilidade dos sócios é limitada ao valor de sua participação na sociedade, ou seja, ao valor de suas quotas (dependendo do tipo societário, pois em alguns casos isso não acontece). Assim, ao se constituir uma sociedade, a responsabilidade dos sócios é limitada se ocorrer insucesso da atividade. Esse limite é, em regra, o valor das quotas de cada sócio do capital social da sociedade (o que é abstraído fundamentalmente do art. 1.052 do CC).

Esses princípios não são aplicáveis ao empresário individual. Nesse caso não há a separação de patrimônio (civil e empresarial) nem a limitação de responsabilidade (seu patrimônio é único e responde por todas as dívidas de qualquer natureza, civil ou empresarial).

Assim, a constituição de uma sociedade empresária garante, via de regra, a separação patrimonial dos bens da empresa em relação aos bens dos sócios, bem como a limitação de responsabilidade dos sócios pelas dívidas da empresa ao valor de suas respectivas quotas, salvo em caso de desconsideração da personalidade jurídica (assunto que será visto mais adiante).

Essas são razões relevantes que levam algumas pessoas a constituírem sociedades empresárias em detrimento da figura do empresário individual.

Empresa Individual de Responsabilidade Limitada (EIRELI)

A Empresa Individual de Responsabilidade Limitada (EIRELI) foi instituída por meio da Lei n. 12.441, de 11 de julho de 2011, cuja vigência teve início em janeiro de 2012. Essa lei promoveu importantes alterações no Código Civil, especificamente em seus arts. 44, 980 e 1.033. Regulamentando a matéria, o DREI editou a Instrução Normativa n. 10/2013, que aprovou o Manual de Atos de Registro de Empresa Individual de Responsabilidade Limitada e deu outras providências.

Pode-se afirmar que a EIRELI é um instituto jurídico parecido com uma sociedade limitada, mas tem apenas uma pessoa. Também se assemelha à figura do empresário individual, no entanto com responsabilidade limitada deste empresário. Ou seja, a EIRELI é uma mistura do empresário individual com a sociedade empresária.

Assim, a EIRELI é o instituto pelo qual se possibilita a um empreendedor, individualmente, utilizar-se dos princípios da separação patrimonial e da limitação da responsabilidade (já tratados anteriormente) para assim desenvolver uma atividade econômica. Lembrando que esses princípios até então eram exclusivos das sociedades, não sendo aplicáveis ao empresário individual.

Essa sempre foi uma forte razão para levar muitas pessoas a constituírem sociedades empresárias em detrimento da figura do empresário individual. Como se sabe, via de regra, uma sociedade é composta de no mínimo duas pessoas. Então, para formar uma sociedade e obter a limitação da responsabilidade, o empreendedor se torna sócio de uma sociedade com participação de 99,5% do capital social, convidando outra parte para ser sua sócia com uma participação de 0,5%, meramente para fins de compor a sociedade. Cria-se assim o que se conhece vulgarmente por "sociedade de fachada" ou "sociedade de faz de conta".

Por isso, pode-se dizer que a EIRELI seria uma espécie de empresário individual com direito a separação patrimonial e limitação de responsabilidade.

No que se refere aos requisitos, a EIRELI será constituída observando-se os seguintes critérios (art. 980-A do CC):

a) será formada por uma única pessoa;
b) a pessoa natural não pode constituir mais de uma EIRELI;
c) a pessoa deverá ser a titular da totalidade do capital social;
d) o capital não pode ser inferior a 100 vezes o maior salário mínimo vigente no país;
e) o capital deve ser totalmente integralizado (integralizado de fato e de direito, não meramente de modo documental);

Quem não dispuser dessa cifra deverá fazer inscrição como empresário individual ou associar-se para constituir uma sociedade limitada com capital social inferior.

f) o nome empresarial deverá ser formado pela inclusão da expressão "EIRELI" após a firma ou a denominação (temas que estudaremos adiante).

Cabe destacar que a EIRELI também poderá resultar da concentração das quotas de outra modalidade societária num único sócio, independentemente das razões que motivaram tal concentração (art. 980-A, § 3º, do CC). Por exemplo, um sócio majoritário poderá comprar a parte do minoritário e assim transformar uma sociedade em EIRELI.

Poderá a EIRELI ser constituída para fins de prestação de serviços de qualquer natureza, podendo por isso ser atribuída a ela a remuneração decorrente da cessão de direitos patrimoniais de autor ou de imagem, nome, marca ou voz de que seja detentor o titular da pessoa jurídica, vinculados à atividade profissional (art. 980-A, § 5º, do CC). Essa situação trata de casos em que a atividade intelectual é elemento de empresa, sendo um reconhecimento do legislador quanto ao fato de inúmeros profissionais constituírem, nos últimos anos, pessoas jurídicas a fim de desenvolver suas atividades profissionais por meio delas, e assim obter redução da carga tributária.

Quanto às atividades intelectuais passíveis de formação de sociedades simples, registráveis no Registro Civil de Pessoas Jurídicas, compreendemos que o legislador não teve a intenção de permitir a constituição de EIRELI para quem pretenda desenvolver individualmente uma atividade intelectual, como a arquitetura ou a psicologia, sendo que, nesses casos, restaria apenas a atuação como profissional liberal. Ou seja, entendemos que uma EIRELI pode ser registrada somente na Junta Comercial, órgão apto para o registro de atividades empresariais, não nos Registros Civis de Pessoas Jurídicas, ainda

50   STARTUPS E INOVAÇÃO – DIREITO NO EMPREENDEDORISMO

que se tenha notícia de isso já ter ocorrido na prática. Alguém poderá alegar que no silêncio da lei é possível uma EIRELI, com objeto intelectual, ser registrada no Registro Civil de Pessoas Jurídicas. Contudo, tal argumento é precário na medida em que o tema deve ser visto à luz dos arts. 966 e 1.150 do Código Civil, sendo que apenas se a atividade intelectual for elemento de empresa é que uma "EIRELI intelectual" poderá existir, porém registrada na Junta Comercial.

Para efeitos burocráticos e tributários (como no caso do Simples Nacional), a EIRELI poderá ser tida como microempresa (ME), desde que sua receita bruta anual seja limitada a R$ 360.000,00; ou como empresa de pequeno porte (EPP), caso sua receita bruta anual esteja entre R$ 360.000,00 e R$ 3.600.000,00 (LC n. 123/2006, art. 3º).

Microempresa (ME) e Empresa de Pequeno Porte (EPP)

O art. 970 do Código Civil expressa a necessidade de garantia de tratamento diferenciado para o pequeno empresário. Também a Constituição Federal, art. 170, IX, prevê tratamento favorecido às empresas de pequeno porte constituídas de acordo com as leis nacionais e que tenham sede e administração no Brasil.

A necessidade de tratamento especial para pequenos empresários se dá por várias razões: excesso de carga tributária, burocracia administrativa dos órgãos públicos, complexidade das exigências contábeis, falta de preparo dos empreendedores, insuficiência de capital de giro e linhas de crédito, entre outras. Pesquisas do Sebrae divulgadas no início de 2014 davam conta de que uma em cada quatro empresas não chega ao segundo ano de existência; entre as micros e pequenas empresas, sete em cada dez não chegam ao quinto ano de funcionamento.

É importante salientar que o Código Civil não distingue microempresa de empresa de pequeno porte, além disso, é tímido no tratamento favorecido ao pequeno empresário. Mas há algumas disposições benéficas, como a do art. 1.179, § 2º, que prevê um tratamento diferenciado ao pequeno empresário ao liberá-lo da escrituração contábil e do levantamento de balanços.

A distinção entre micro e pequeno empresário deve ser buscada no Estatuto Nacional da Microempresa e da Empresa de Pequeno Porte, Lei Complementar n. 123/2006.

De acordo com a Lei Complementar n. 123/2006, *microempresa* (ME) é aquela que possui receita bruta anual de até *R$ 360.000,00* por ano (art. 3º, I).

CAPÍTULO 4 – DIREITO EMPRESARIAL E SOCIETÁRIO PARA EMPREENDEDORES   51

Já a *empresa de pequeno porte* (EPP) é aquela que possui receita bruta anual superior a *R$ 360.000,00* até o limite de *R$ 3.600.000,00* (art. 3º, II). Por isso, o que vai caracterizar o empresário como micro ou pequeno é a receita bruta que ele auferir em cada ano-calendário.

O Estatuto Nacional da Microempresa e da Empresa de Pequeno Porte estabelece um regime jurídico diferenciado e favorável para o micro e o pequeno empresário em várias searas, inclusive quanto à burocracia e à diminuição da carga tributária e das obrigações trabalhistas e previdenciárias.

Para concretizar o tratamento diferenciado à ME e à EPP, a LC n. 123/2006, art. 12, criou o Simples Nacional – Regime Especial Unificado de Arrecadação de Tributos e Contribuições Devidos pelas Microempresas e Empresas de Pequeno Porte.

De fato, o Simples Nacional trouxe uma simplificação no sistema de como proceder para efeito de arrecadação. Por esse sistema deverá haver o recolhimento mensal, via documento único de arrecadação, de uma série de tributos (LC n. 123/2006, art. 13):

a) ICMS – Imposto sobre Operações Relativas à Circulação de Mercadorias e sobre Prestações de Serviços de Transporte Interestadual e Intermunicipal e de Comunicação;
b) ISS – Imposto sobre Serviços de Qualquer Natureza;
c) IRPJ – Imposto sobre a Renda da Pessoa Jurídica;
d) IPI – Imposto sobre Produtos Industrializados;
e) CSLL – Contribuição Social sobre o Lucro Líquido;
f) Cofins – Contribuição para o Financiamento da Seguridade Social;
g) contribuição para o PIS/Pasep;
h) CPP – Contribuição Patronal Previdenciária para a Seguridade Social (exceto no caso de algumas atividades de prestação de serviços previstas no § 5º-C do art. 18 da LC n. 123/2006).

A micro e a pequena empresa podem ser: empresário individual, sociedade empresária, empresa individual de responsabilidade limitada ou sociedade simples (Lei Complementar n. 123/2006, art. 3º, *caput*).

Por último, vale a pena destacar que a micro e a pequena empresa podem ter por objeto a exploração de quaisquer atividades econômicas de caráter empresarial. O objeto também pode ser intelectual (sociedade simples, ME ou EPP), haja vista tratar-se de um formato destinado a um regime tributário mais benéfico.

Microempreendedor individual (MEI) – Empreendedor Individual (EI)

À luz do § 1º do art. 18-A da Lei Complementar n. 123/2006, considera-se microempreendedor individual (MEI) o empresário individual (previsto no art. 966 do Código Civil) que tenha auferido receita bruta no ano-calendário anterior de até *R$ 60.000,00* e que seja optante do regime tributário Simples Nacional. Essa figura jurídica também é conhecida por *empreendedor individual* (EI).

No caso de início de atividade, esse limite será de R$ 5.000,00 multiplicados pelo número de meses compreendidos entre o início da atividade e o fim do respectivo ano-calendário, considerando as frações de meses como um mês inteiro (LC n. 123/2006, art. 18-A, § 2º).

O MEI foi criado, fundamentalmente, para efeito de redução da carga tributária e da burocracia aos empreendedores. A legislação citada visa primordialmente a normalizar a situação de milhares de empresários que operam de forma irregular no Brasil e permanecem nessa condição, entre outras razões, pelo custo burocrático e tributário, sem prejuízo do tempo necessário para se formalizar perante os órgãos competentes, entre eles a Junta Comercial.

É bom ressaltar que todo o processo de formalização é gratuito, pois há isenção de taxas para a inscrição e a concessão de alvará para funcionamento. O único custo da formalização é o pagamento mensal de R$ 59,95 referente ao INSS e de R$ 5,00 se prestador de serviços (ou R$ 1,00 para comércio e indústria). Esse pagamento deve ser realizado por meio de carnê emitido exclusivamente no site do empreendedor.

A propósito, foi criado um site exclusivamente para o MEI: www.portaldoempreendedor.gov.br, pois há muita vontade política nessa regularização dos empreendedores. Tem-se notícia de que já são mais de *5 milhões de pessoas inscritas* como microempreendedor individual, sendo que o marco de 1 milhão foi comemorado em solenidade com a participação da Presidência da República no dia 7 de abril de 2011.

Nesse portal do empreendedor são encontradas as atividades que podem ser desenvolvidas por meio da inscrição como microempreendedor individual. A relação é extensa, porém taxativa. Atividades que não estejam lá *listadas* não podem ser desenvolvidas por essa categoria. Diferentemente, a micro e a pequena empresa podem ter por objeto a exploração de qualquer atividade econômica, de caráter empresarial ou intelectual.

Uma vez regularizado, o empreendedor passa a ter cobertura previdenciária para si e para sua família, por meio de auxílio-doença, aposentadoria

CAPÍTULO 4 – DIREITO EMPRESARIAL E SOCIETÁRIO PARA EMPREENDEDORES   53

por idade, salário-maternidade, pensão e auxílio-reclusão, efetuando uma contribuição mensal reduzida de 5% sobre o valor do salário mínimo.

Outro benefício ao MEI é a possibilidade de contratar e registrar até *um* funcionário com um custo menor (3% para a Previdência Social e 8% de FGTS do salário mínimo por mês, consistindo em um valor total de R$ 59,95, sendo que o empregado contribuirá com 8% do seu salário para a Previdência). Esse benefício permite ao empreendedor desenvolver melhor o seu negócio ao poder admitir até um empregado por um custo mais baixo.

Assim, a norma procura dar um tratamento mais simplificado ao microempreendedor individual, por isso o seu processo de registro deverá ter trâmite especial, preferencialmente eletrônico (arts. 4º, § 1º, da LC n. 123/2006, e 968, § 4º, do CC), visando a obter mais rapidez na abertura, alteração e baixa do MEI.

Vale ter em conta que, quanto à inscrição do microempreendedor individual, poderão ser dispensados o uso da firma, com a respectiva assinatura autógrafa, o capital, requerimentos, demais assinaturas, informações relativas ao estado civil e ao regime de bens, bem como a necessidade de remessa de documentos, conforme o que dispuser o Comitê para Gestão da Rede Nacional para Simplificação do Registro e da Legalização de Empresas e Negócios (CGSIM) (arts. 4º, § 1º, I, da LC n. 123/2006, e 968, § 5º, do CC).

Não é demais explicitar que ao MEI, por ser empresário individual, não são conferidas a separação patrimonial nem a limitação de responsabilidade dadas à EIRELI e à sociedade empresarial. E que não é aplicável a desconsideração da personalidade jurídica, justamente porque a responsabilidade do titular é ilimitada.

Sociedade simples e cooperativas

A sociedade simples é, basicamente, o modelo societário utilizado por negócios que visam a explorar atividades intelectuais (finalidade artística, literária ou científica).

Vamos atentar para as atividades intelectuais neste livro, mas a cooperativa também é uma sociedade simples e figura como o modelo societário utilizado entre aqueles que querem antes de tudo buscar auxílio mútuo nas suas atividades produtivas e econômicas.

Para o leitor ter uma ideia do que dispõe a Lei das Cooperativas (Lei n. 5.764/71), cada um dos participantes tem o mesmo valor na tomada de decisão. Por exemplo, em uma sociedade anônima, quanto maior o capital ou o número de ações nas mãos de determinado acionista ou sócio, maior será seu poder de decisão na companhia, seja ela limitada ou por ações. Já na sociedade cooperativa isso não acontece; o valor de cada um dos cooperados é igual para todos, assim, conclui-se que o tamanho do capital dentro da cooperativa não faz diferença para fins de controle e gestão da sociedade.

Pois bem, o que seriam atividades intelectuais? Em suma, são consideradas atividades intelectuais aquelas de natureza artística, literária e científica. Ilustrativamente, quando ligadas a uma formação acadêmica anterior ao exercício da sociedade, como no caso de dois psicólogos que decidem investir numa clínica, ou dois médicos, dois veterinários, e assim por diante.

Para ser reconhecida como sociedade simples pelo ordenamento jurídico brasileiro, a empresa deve ter alguns requisitos: nome, nacionalidade, estado civil, profissão e endereço dos sócios, denominação, sede, objeto social (a atividade econômica que será realizada, por exemplo, prestação de serviços odontológicos) e valor do capital social.

A denominação social é a forma pela qual os sócios individualizam a sociedade e exercem as suas atividades, ou seja, é a maneira pela qual a empresa recebe uma identidade para que os sócios contratem perante terceiros. Podem fazer parte da denominação social expressões de uso comum ou expressões de fantasia, segundo a vontade dos sócios.

Além disso, os sócios devem observar a sede da sociedade bem como o tempo de duração. É importante ressaltar que, conforme o tempo de duração da sociedade, a retirada dos sócios obedecerá a alguns critérios. Por exemplo, se eles optarem por uma sociedade por tempo determinado e antes desse tempo um dos sócios resolver retirar-se da sociedade, tal fato deverá ser explicado perante o órgão em que está registrada a sociedade simples.

O capital social da sociedade é o valor econômico que cada sócio investirá, ou melhor, disponibilizará de seu patrimônio para a constituição da sociedade simples. Portanto, uma vez que as sociedades no direito brasileiro são constituídas por bens com expressão econômica, o capital social corresponde ao valor em conjunto dos esforços dos sócios.

A expressão da lei "podendo compreender qualquer espécie de bens, suscetíveis de avaliação pecuniária" diz que a sociedade pode ser constituída por qualquer bem móvel, imóvel, tangível ou intangível cuja representação possa se dar em valores pecuniários.

Imaginemos que um sócio tenha como bem mais valioso a licença de uso de determinada marca no Brasil. Caso os demais sócios tenham interesse em explorar um novo mercado para essa marca, por meio de um laudo de avaliação apontado por especialista na área, poderão estimar qual será o valor da licença, utilizando métodos de peritagem.

CAPÍTULO 4 – DIREITO EMPRESARIAL E SOCIETÁRIO PARA EMPREENDEDORES   55

Mas onde o empreendedor deve registrar a sociedade simples? É importante ressaltar que, para que a sociedade simples seja uma figura autônoma, com patrimônio próprio, diferente do patrimônio dos sócios, faz-se necessário o registro do contrato social, instrumento que regulamenta a responsabilidade dos sócios entre si. Esse instrumento, denominado contrato social, deve ser registrado no cartório do Registro Civil das Pessoas Jurídicas.

Sociedade limitada

A sociedade limitada é certamente o modelo brasileiro mais adotado pelo empreendedor nacional[1]. Ao estudar o direito societário pelo Código Civil, o leitor verificará que o legislador adotou o seguinte critério para organizar o direito de empresa: no art. 966, a legislação diz que aquele que organiza economicamente uma atividade pode já se dizer empresário.

Nas palavras do professor Alfredo de Assis Gonçalves Neto[2], o empresário "é uma situação de fato que, para ser reconhecida, prescinde de qualquer formalidade. Revela-se pelo exercício de uma atividade econômica nas condições descritas pelo sob exame".

A principal característica que a faz ser tão aceita pelo empreendedor brasileiro é a seguinte: o empreendedor, ou melhor, os sócios, somente respondem pelo valor investido. De acordo com a legislação, em especial o art. 1.052, trata-se da "responsabilidade de cada sócio ao valor de suas quotas"[3] até a integralização do capital social.

O que isso significa? A ideia de integralização do capital social da sociedade de responsabilidade limitada é igual à da sociedade simples. Ou seja, determinado sócio subscreve o capital até certo período de tempo, ou termo, e se compromete a entregar a quantidade de bens suficientes para integrar o patrimônio da empresa.

Ocorre que, enquanto esse evento não acontecer, todos os sócios se tornam responsáveis pelas dívidas da empresa com o patrimônio próprio. Então,

---

1   Para o leitor ter uma ideia, de acordo com levantamento realizado pelo Drei (www.drei.gov.br), do total de 8.915.890 empresas constituídas, 4.569.288 foram empresas individuais, 4.300.257 sociedades limitadas, 20.080 sociedade anônima, 21.731 sociedade cooperativa e 4.534 se referem a outros tipos societários.
2   GONÇALVES NETO, Alfredo de Assis. *Direito de empresa*: comentários aos artigos 966 a 1.195 do Código Civil, 4. ed. rev., atual. e ampl. São Paulo: Revista dos Tribunais, 2012. p. 75.
3   Mais adiante, no tópico acerca da desconsideração da pessoa jurídica, veremos que a regra do art. 1.052 não tem sido respeitada pelos tribunais brasileiros.

para a sociedade se tornar realmente eficaz contra credores, todos os sócios deverão integralizar o patrimônio.

A grande inovação que a sociedade de responsabilidade limitada trouxe ao direito societário foi o fato de, após a integralização do capital social, os sócios terem uma limitação de responsabilidade de dívidas da sociedade até o valor da integralização.

Ressalta-se que essa regra vale apenas para a integralização completa da cota de cada um dos sócios. Na hipótese de um dos sócios não vir a integralizar o capital social, um terceiro, com autorização dos demais sócios, pode integralizar aquela quota-parte e passar a ser sócio da sociedade, de acordo com o parágrafo único do art. 1.056 do Código Civil.

As cotas, ou quotas, são partes divisíveis do capital social, sendo iguais ou desiguais entre cada um dos sócios. Desse modo, os sócios têm maior facilidade de circulação e participação na sociedade. O fato de a legislação permitir a divisão do capital social, do montante necessário para a abertura de determinado empreendimento, visa a facilitar a vida do sócio, uma vez que este pode negociar um bem intangível e com expressão econômica.

A sociedade limitada deve ter as mesmas características da sociedade simples, entre elas prazo de duração, objeto, sede, capital social, disposição de obrigação entre sócios e demais disposições já vistas na sociedade simples. Entretanto, a sociedade limitada é registrada na Junta Comercial (Registro Público das Empresas Mercantis).

Uma das grandes inovações do Código Civil para a sociedade limitada foi a possibilidade de constituição de conselho fiscal nesse tipo societário, órgão diretivo até então previsto para as sociedades anônimas. O empreendedor deve observar que, no direito privado, tudo aquilo que não está proibido pela legislação é permitido; já no direito público a lógica é a inversa, o Estado, no dever de cumprir a legislação, somente deve fazer aquilo que está previsto em lei.

Estabelece o art. 1.078 que o objetivo do conselho é tomar as contas dos administradores, deliberar sobre o balanço patrimonial e o resultado econômico, designar administradores, bem como cuidar de outros assuntos que sejam da ordem do dia.

A lei não vedava a instauração de conselho fiscal por sociedades limitadas, então, ele era permitido. Porém, o legislador, acertadamente, conferiu à sociedade limitada a criação desse órgão de fiscalização das atividades da administração.

Isso acaba se tornando uma opção para empreendedores. Caso resolvam abrir o capital para um investidor, poderão instalar um conselho, a fim de

CAPÍTULO 4 – DIREITO EMPRESARIAL E SOCIETÁRIO PARA EMPREENDEDORES 57

permitir ao investidor tomar as contas da administração de forma mais detalhada. O investidor poderá escolher três membros de sua confiança para averiguar se o empreendedor está dispondo de forma correta do recurso financeiro investido pelo novo sócio.

O conselho fiscal é de fato uma ferramenta muito interessante nestes tempos de *startup*, pois um novo investidor pode resolver investir recursos financeiros ou tecnologia. A melhor forma de fiscalizar como o administrador está empregando os recursos é averiguando tal fato de tempos em tempos.

Para instalar um conselho fiscal, a sociedade deverá obedecer ao que está disposto nos arts. 1.066 e 1.078 do Código Civil. Repare que, no art. 1.078, o objeto do conselho é claro: tomar conta da administração da sociedade, designar administradores, quando for o caso, tratar de qualquer assunto na ordem do dia.

Poderá o empreendedor e administrador ser afastado da administração da sociedade que ele mesmo fundou por causa de atos que não foram aprovados pelo conselho fiscal? A resposta é não! Então, o que pode fazer o conselho fiscal? De acordo com a lei, apenas tomar as contas do administrador.

Com fundamento no art. 1.063, a destituição do cargo de administrador, quando realizada por sócio, somente se dará pela aprovação de titulares de quotas que detenham no mínimo dois terços do capital social, salvo disposição contrária. Na hipótese de sócio nomeado como administrador em contrato, a sua destituição se operará pela aprovação de quotas correspondentes, no mínimo de dois terços do capital social. Neste caso, a destituição do cargo de administrador poderá ocorrer a qualquer tempo.

Sociedade em conta de participação

A sociedade em conta de participação é um pouco diferente dos dois tipos societários apresentados até agora, pois é uma sociedade que não tem personalidade jurídica e, por isso, não é registrada.

Para esclarecer o empreendedor, o fato de não ter personalidade jurídica própria não quer dizer que ela não tenha algumas características interessantes para quem está começando um empreendimento.

Primeiramente, é importante salientar que na sociedade em conta de participação os sócios são conhecidos como sócio ostensivo e sócio oculto.

O sócio ostensivo é aquele que, perante terceiros, faz todos os atos necessários de administração do negócio, como contratação de empréstimos bancários, aluguel de imóveis e equipamentos pertinentes ao desenvolvimento do objeto social, contratação de mão de obra, rescisões contratuais, enfim, todos os atos habituais do negócio.

O papel do sócio oculto é injetar recursos financeiros no empreendimento. Geralmente, esse tipo de negócio é feito por meio de um contrato somente entre as partes; ou seja, não é obrigatório o registro do instrumento em determinada repartição pública para que tenham início os efeitos jurídicos entre as partes e para terceiros.

A legislação não traz requisitos formais para a sociedade em conta de participação, diferentemente do que ocorre com a sociedade simples e a sociedade limitada, que têm os requisitos estabelecidos, respectivamente, pelos arts. 997 e 1.054 do Código Civil para que sejam reconhecidas como entes personalíssimos, titulares de direitos de forma autônoma em relação aos sócios.

Ademais, verifica-se que na sociedade em conta de participação não há necessidade de apontar objeto, capital social, sede ou formas de dissolução.

Mas orienta-se que as partes, mesmo que só entre si, façam um instrumento estabelecendo as principais obrigações e os deveres, principalmente em relação às hipóteses de dissolução da sociedade. Repita-se que o sócio ostensivo assumirá as obrigações perante terceiro, sendo, portanto, responsável por eventuais dívidas que o negócio possa trazer.

A sociedade em conta de participação não exige formalidades segundo o art. 992 do Código Civil, diferenciando-se dos requisitos da sociedade limitada e da sociedade simples.

Deve-se observar o art. 994 do Código Civil em relação ao patrimônio do sócio ostensivo. Como este pode realizar diversos contratos com terceiros, a legislação, por causa desse risco, prevê que ele tenha um patrimônio especial, a fim de preservar a liquidez de seu empreendimento, bem como a participação do sócio oculto.

Contudo, isso é mera exigência fiscal e contábil, não havendo nenhuma formalidade para a formatação desse patrimônio distinto.

Sociedade anônima – companhia

A sociedade por ações ou sociedade anônima ou companhia, no direito brasileiro, é regida pela Lei n. 6.404/76. No Código Civil, a legislação apenas menciona que "o capital se divide em ações, obrigando-se cada sócio pelo preço de emissão das ações que subscrever ou adquirir" e que a sociedade anônima será regida por legislação especial.

Uma grande diferença começa a surgir entre a sociedade anônima e a sociedade limitada: a sociedade anônima é regida pelo estatuto social, enquanto a limitada, pelo contrato social. No fundo, são dois nomes distintos que se referem ao instrumento que rege as obrigações e os deveres entre os sócios ou acionistas. A sociedade anônima, assim como a limitada, é registrada na Junta Comercial (Registro Público das Empresas Mercantis).

Diferentemente do que ocorre na sociedade limitada ou na sociedade simples, em que a figura do sócio tem um papel fundamental na direção da empresa, na sociedade anônima o capital tem um papel de peso maior. A sociedade anônima não é personificada na figura do sócio como nas sociedades já apresentadas neste capítulo.

Tanto é assim que a legislação prevê que parte do capital pode ser negociada no mercado de balcão, ou seja, na bolsa de valores, haja vista a facilidade de circulação que essa participação tem em comparação com a inerente à sociedade anônima.

De longe é a sociedade empresarial mais complexa do Direito brasileiro. Além de ser utilizada para os mais diversos fins econômicos, a sociedade, assegurada pela lei acima, pode servir para que o empreendedor usufrua benefícios fiscais, com fundamento no § 3º do art. 2º da Lei n. 6.404/76.

A sociedade anônima deverá sempre, de acordo com o art. 3º, utilizar esta designação ou ainda o termo companhia. "A sociedade será designada por denominação acompanhada das expressões 'companhia' ou 'sociedade anônima', expressas por extenso ou abreviadamente, mas vedada a utilização da primeira ao final."

Antes de adentrarmos as principais características da sociedade anônima, é relevante estabelecer a distinção entre sociedade anônima aberta e sociedade anônima fechada. A primeira tem títulos de valores mobiliários negociados no mercado, de acordo com critérios estabelecidos pela Comissão de Valores Mobiliários, entidade fiscalizatória do setor.

A legislação faz apenas uma ressalta à sociedade anônima aberta: antes de qualquer negociação no mercado, os títulos mobiliários deverão ser previamente registrados nessa entidade.

O objeto social de uma sociedade anônima poderá ter fito lucrativo não contrário à lei, à ordem e aos bons costumes. Ou seja, independentemente de qual seja o objetivo da sociedade – prestação de serviços na construção civil, serviços hospitalares, concessionárias de serviços públicos, empresas agropastoris –, ela poderá se constituir sob a estrutura de sociedade anônima.

O capital social tem algumas características já apresentadas na sociedade limitada, haja vista que este pode ser composto de qualquer bem de valor econômico, seja ele bem imóvel ou móvel. Contudo, diferentemente do que se vê na sociedade limitada, na sociedade anônima a avaliação desses bens deverá ser feita por três peritos, ou por empresa especializada, nomeados por assembleia-geral.

A Lei n. 6.404/76 traz requisitos para a emissão de ações, quando da criação da sociedade anônima ou da transformação de uma sociedade limitada em sociedade por ações. No estatuto social, será fixado o número de ações em que se divide o capital social e ficará estabelecido se as ações terão ou não valor nominal.

O valor nominal é aquele convencionado pelos acionistas no momento da emissão das ações. Agora, o valor patrimonial é o quociente da relação existente entre o patrimônio líquido da sociedade anônima e o número de ações que sociedade anônima emitiu.

Algumas exceções são importantes: i) é vedada a emissão de ações com preço inferior ao valor nominal; ii) o número e o valor nominal das ações somente poderão ser alterados nos casos de modificação do valor do capital social ou da expressão monetária, do desdobramento ou grupamento de ações, ou de cancelamento.

Portanto, a sociedade anônima somente poderá modificar as ações com valor nominal quando da reavaliação da companhia, quando um pacote de ações for desdobrado em um número maior de ações ou quando um pacote de ações for cancelado, haja vista que o valor nominal das ações surtirá efeito no valor patrimonial da companhia.

Além de receberem a classificação como ações com ou sem valor nominal, essas mesmas ações poderão ser classificadas como ordinárias ou preferenciais. As ações preferenciais têm esse nome uma vez que seus titulares, se o estatuto social assim permitir, terão preferência no reembolso de pagamento, bônus, prêmios ou dividendos.

Já os portadores das ações ordinárias terão direito a compor o comando de órgãos diretivos da companhia, condição não assegurada àqueles proprietários de ações preferenciais.

A administração da sociedade anônima é feita pelo acionista controlador, que pode ser uma pessoa física ou jurídica que lhe assegure, de modo permanente, a maioria dos votos nas deliberações da assembleia-geral e o poder de eleger a maioria dos administradores. Ainda, alternativamente, outra característica do acionista controlador é o fato de usar efetivamente seu poder para dirigir a companhia.

O dever na sociedade anônima é mais amplo, haja vista que o acionista controlador deve usar o poder com o fim de fazer a companhia realizar o seu objeto social e cumprir sua função social. O acionista tem uma série de responsabilidades previstas no art. 117 da Lei n. 6.404/76; entre as condutas

CAPÍTULO 4 – DIREITO EMPRESARIAL E SOCIETÁRIO PARA EMPREENDEDORES   **61**

pelas quais o acionista controlador pode ser responsabilizado encontram-se: conduzir a companhia para objetivo estranho ao firmado no estatuto social, em prejuízo ao acervo da companhia; promover a liquidação de companhia próspera, ou sua transformação, incorporação, fusão ou cisão, com o fim de obter vantagem indevida, em prejuízo dos demais acionistas; promover a alteração estatutária, a emissão de valores mobiliários ou a adoção de políticas ou decisões que não tenham por fim o interesse da companhia; eleger administrador ou fiscal sabidamente inapto, moral ou tecnicamente; induzir a administração para cometer ato ilegal; aprovar contas irregulares da administração.

Um dos melhores instrumentos para sedimentar a responsabilidade dos acionistas é o acordo de acionistas previsto no art. 118 da Lei n. 6.404/76. Os principais temas que podem ser objeto de acordo de acionistas são: as condições de compra e venda de ações; preferências para sua aquisição; exercício ao direito de voto; poder de controle.

O acordo somente tem força de estabelecer direitos e deveres entre as partes, mas, se levado a registro nos órgãos competentes e se averbado nos livros de registros e nos certificados de ações, se emitidos, poderá ser oponível a terceiros.

Caso o acordo seja descumprido, o § 3º deste artigo diz que será possível ainda promover a execução específica em juízo, com a medida conhecida como obrigação de fazer ou não fazer, a depender do caso concreto.

As ações que são descritas no acordo de acionistas não poderão ser vendidas no mercado acionário como negócios de balcão ou bolsa de valores. E a assembleia-geral deverá ser informada da política de reinvestimentos prevista no acordo de acionistas.

Na sociedade anônima há dois tipos de assembleia: ordinária e extraordinária. A assembleia ordinária está prevista no art. 132 da Lei n. 6.404/76 e tem por objetivo tomar a conta dos administradores, deliberar sobre a destinação do lucro líquido do exercício e sobre a distribuição de dividendos, promover a eleição de administradores e dos membros do conselho fiscal e aprovar a correção da expressão monetária do capital social.

A assembleia extraordinária, prevista no art. 135 da mesma legislação, é convocada para a hipótese de reforma do estatuto social, com sede na companhia, para a criação de subsidiária, alteração do capital social, emissão de novas ações, criação de filiais, alteração do objeto social da companhia, entre outras matérias que não sejam aquelas descritas no art. 132 da Lei n. 6.404/76.

O conselho de administração é composto de três membros, eleitos pela assembleia-geral e destituíveis a qualquer tempo, devendo o estatuto da com-

62 STARTUPS E INOVAÇÃO – DIREITO NO EMPREENDEDORISMO

panhia estabelecer o número mínimo e máximo de conselheiros, o modo de substituição deles, o prazo de gestão e se é permitida a reeleição. O conselho de administração tem a incumbência, segundo o art. 142 da Lei n. 6.404/76, de fixar as orientações gerais da companhia, eleger e substituir os diretores, fiscalizar sua gestão, examinar, a qualquer tempo, os livros e papéis da companhia, solicitar informações sobre contratos celebrados ou em via de celebração, convocar assembleia-geral, manifestar-se sobre o relatório da administração e as contas da diretoria, manifestar-se previamente sobre atos ou contratos, deliberar, quando autorizado pelo estatuto, sobre a emissão de debêntures ou bônus de subscrição, e, se este não dispuser em contrário, autorizar a alienação de ativos não circulantes, a constituição de ônus reais e a prestação de garantias; por fim, escolher e destituir auditores independentes.

A diretoria, órgão distinto do conselho de administração, será composta de no mínimo duas pessoas, eleitas e destituíveis pelo conselho de administração ou pela assembleia-geral. Ficam estabelecidos também o número mínimo de diretores, o modo de substituição, o prazo de permanência no cargo e se é permitida a reeleição, além das atribuições de cada um dos diretores.

Caso o estatuto não mencione, qualquer um dos diretores poderá representar a companhia perante terceiros, inclusive com a possibilidade de constituir mandatários, especificamente em atos ou operações que poderão praticar e na duração de mandato.

A Lei n. 6.404/76 pretende assegurar ao acionista minoritário que há previsões para responsabilizar o acionista controlador, que é o detentor da maioria das ações com direito a voto nas assembleias-gerais, bem como o controle da companhia quanto ao administrador, por meio de seu capital.

Repare que acionista controlador e administrador são figuras do direito societário totalmente diferentes, não obstante na prática possa haver confusão entre elas. Por exemplo, aquele que detém a maioria das ações pode vir a ser o administrador, mas não é regra a ser seguida. Agora, o administrador da companhia, eleito pela assembleia-geral, consequentemente pelo acionista controlador, não será aquele que detém a maioria das ações.

Primeiramente, o administrador deve empregar, no exercício de suas funções, o cuidado e a diligência de todo homem ativo e probo, diz a Lei n. 6.404/76, mais especificamente os arts. 153 e 154.

Ao administrador é vedada a prática de atos de liberalidade à custa da companhia, sem prévia autorização da assembleia-geral ou do conselho de administração, ou receber de terceiros qualquer vantagem. Em síntese, as decisões do administrador diante dos negócios devem estar calcadas por recursos e autorizações da assembleia-geral. O administrador não tem a liberdade de iniciar projetos, construções, aquisições, fusões, cisões sem a autorização da assembleia-geral ou do conselho de administração.

O administrador da companhia não responde pessoalmente pelas obrigações que contrair em nome da companhia em virtude dos atos de gestão, mas cuidado, se dentro de suas contribuições ou poderes agir com culpa ou dolo, com base no inciso I do art. 158 da Lei n. 6.404/76. Outra hipótese de responsabilização do gestor é quando houver violação da lei ou do estatuto por parte do administrador.

Para responsabilizar o gestor, ou administrador da companhia, será necessária uma deliberação em assembleia-geral pelos prejuízos causados. Essa deliberação poderá substituir os administradores enquanto houver o trâmite da ação de responsabilização cível contra eles. Caso haja interesse de alguns acionistas que às vezes podem se confundir com a figura dos administradores, acionistas que representem 5% do capital social podem promover essa ação.

Em sua composição, a companhia também contará com outro órgão, o conselho fiscal, cujo funcionamento é disciplinado pelo estatuto social. A competência do conselho fiscal é fiscalizar, por qualquer um dos seus membros, os atos de administração e verificar o cumprimento dos seus deveres legais e estatutários, opinar sobre o relatório anual da administração, fazendo constar em seu parecer as informações complementares que julgar necessárias ou úteis à deliberação da assembleia-geral, e opinar sobre a proposta dos órgãos de administração, denunciar qualquer irregularidade, convocar a assembleia--geral ordinária, se os órgãos da administração retardarem por um mês a convocação, e a extraordinária, sempre que ocorrerem motivos graves ou urgentes, analisar a cada trimestre o balanço e as demais demonstrações financeiras elaboradas periodicamente pela companhia, examinar as demonstrações financeiras do exercício social e sobre elas opinar, e exercer essas atribuições, durante a liquidação, tendo em vista as disposições especiais sobre o tema.

O aumento do capital social é feito por deliberação da assembleia-geral ordinária, para a correção de seu valor originário, ou do conselho de administração, por conversão de ações, de debêntures ou da parte beneficiária e pelo exercício de direitos conferidos por bônus de subscrição ou de opções de ações, ou ainda por deliberação da assembleia-geral extraordinária convocada para decidir sobre reforma do estatuto social, no caso de inexistir autorização para aumento de capital social.

VANTAGENS E DESVANTAGENS. A RECUPERAÇÃO

No presente capítulo, foram apresentados ao empreendedor alguns tipos societários utilizados no Direito brasileiro. Contudo, o objetivo do manual é demonstrar os principais conceitos de cada tipo societário. No quadro a seguir, verificam-se, de forma resumida, as principais vantagens e desvantagens dos tipos societários apresentados.

	Vantagens	Desvantagens
Sociedade simples	Os custos de administração são mais baixos, pois não há necessidade de instalação dos conselhos de administração nem fiscal	Formas simples de controle da sociedade
Sociedade limitada	A criação da sociedade limitada, de acordo com a legislação, estabelece limites para a responsabilidade de dívidas do empreendimento	Caso a sociedade tenha receita ou faturamento altos, ela não se mostra a melhor
Sociedade em conta de participação	A maior vantagem é para o sócio oculto, tendo em vista que não será responsabilizado por dívidas da empresa	O maior prejudicado é o sócio ostensivo, uma vez que assume perante terceiros a responsabilidade de pagamento de eventuais dívidas
Sociedade anônima	Mecanismos mais complexos e sofisticados de controle da companhia, como conselho fiscal e diretoria	A sociedade anônima necessita de diversos órgãos de controle, contudo, esses controles geram custos como auditorias, publicação de atas, de comunicados, entre outros

Destaca-se que o empresário, titular da atividade empresarial, goza de alguns direitos, como a possibilidade de requerer a recuperação da empresa, a autofalência, utilizar seus livros como prova judicial em seu favor. Esses direitos não são assegurados aos profissionais intelectuais. Tais benefícios são dados aos individuais, às sociedades empresárias (limitada e anônima) e à EIRELI; isso vale também nos formatos de MEI, ME e EPP, desde que a atividade exercida seja empresarial.

Especificamente sobre a recuperação de empresa (Lei n. 11.101/2005), trata-se de um benefício em que a empresa recebe um favor amparado por lei, que pode consistir, por exemplo, em perdão parcial das dívidas ou mesmo um alongamento nos prazos para pagamento. Isso pode ser feito judicial ou extrajudicialmente. Para tanto, é preciso preencher alguns requisitos, como estar devidamente inscrito/registrado na Junta Comercial exercendo a atividade empresarial por mais de *2 anos*[4].

RESPONSABILIDADE DO EMPREENDEDOR POR DÍVIDAS DA EMPRESA

Até o momento, vimos diferentes tipos societários pelos quais o empreendedor pode trilhar o seu caminho de sucesso, desde *startup* até uma grande companhia de capital aberto, com ações negociadas na bolsa de valores.

Ocorre que, mesmo se utilizando de figuras jurídicas, como sociedade de responsabilidade limitada ou sociedade anônima, o empreendedor pode ser responsabilizado por dívidas advindas de sua atividade empreendedora, em especial na sociedade limitada, se houver a desconsideração da personalidade jurídica, fenômeno que será explicado no tópico abaixo.

Há diversas formas de o empreendedor ser responsabilizado por dívidas do empreendimento, como será discutido neste capítulo: dívidas advindas das relações trabalhistas, tributárias, cíveis e consumeristas.

Discute-se no direito empresarial brasileiro até que ponto temos uma sociedade de responsabilidade limitada na legislação, tendo em vista que há diversos mecanismos legais para desconstituir uma sociedade limitada, e o objetivo inicial da criação desse tipo de sociedade era justamente limitar o risco de prejuízos decorrentes do empreendimento.

DESCONSIDERAÇÃO DA PERSONALIDADE JURÍDICA

Primeiramente, insta destacar que a desconsideração da personalidade jurídica é a prática pela qual o Poder Judiciário (e a administração pública, em caso de corrupção) faz recair sobre o patrimônio dos sócios a responsabilidade pelo pagamento de dívidas, em vez de ser sobre o patrimônio da empresa.

Em regra, tal procedimento ocorre quando os credores já tentaram buscar no patrimônio da empresa bens que possam liquidar os seus créditos, mas ainda assim não encontraram formas de fazê-lo.

Em síntese, o art. 50 do Código Civil estabelece que, nas hipóteses de abuso de personalidade jurídica, caracterizado pelos eventos de desvio de finalidade ou confusão patrimonial, é possível determinar que algumas rela-

---

4   Para mais detalhes, veja TEIXEIRA, Tarcisio. *Direito empresarial sistematizado*: doutrina, jurisprudência e prática. 5. ed., São Paulo: Saraiva, 2016. p. 374 e seguintes.

ções sejam estendidas aos bens particulares dos sócios ou de outras pessoas jurídicas que vierem a compor o capital social da empresa.

Desvio de finalidade é a hipótese em que determinada pessoa jurídica é utilizada para realizar atos negociais e econômicos estranhos ao seu objeto social. Por exemplo, uma pessoa jurídica que administra bens de terceiros, mas tal ato não está descrito no seu estatuto ou contrato social. A partir disso, o juízo pode vir a desconstituir a pessoa jurídica, caso isso ocasione danos a terceiros, a fim de que os credores tenham o seu direito liquidado.

Outra hipótese é a confusão patrimonial, geralmente ocasionada entre o patrimônio dos sócios e o da pessoa jurídica. Por exemplo, os sócios honram suas despesas pessoais com o patrimônio da empresa e/ou arcam com os custos da empresa com pertences pessoais. Existe também a possibilidade da desconsideração da personalidade jurídica *inversa* (ou *invertida*), quando a pessoa jurídica é condenada a pagar dívidas de sócios por terem estes deslocado bens de forma irregular para a empresa com o fim de "escondê-los" de seus credores pessoais.

Existem outras previsões de desconsideração da personalidade jurídica:

1. Lei n. 13.105/2015 – Novo Código de Processo Civil – arts. 133 e seguintes, a qual trata de regras procedimentais para a aplicação da desconsideração.

2. Lei n. 12.843/2013 – Lei anticorrupção e de responsabilidade objetiva empresarial – art. 14: prevê a possibilidade de desconsideração da personalidade jurídica em processo administrativo que visa à apuração da responsabilidade de pessoa jurídica. Conforme a lei, a personalidade jurídica poderá ser desconsiderada sempre que utilizada com abuso do direito para facilitar, encobrir ou dissimular a prática dos atos ilícitos (previstos pela própria Lei n. 12.843/2013) ou para provocar confusão patrimonial, sendo estendidos todos os efeitos das sanções aplicadas à pessoa jurídica aos seus administradores e sócios com poderes de administração, devendo sempre ser respeitada a principiologia do contraditório e da ampla defesa.

3. Lei n. 8.078/90 – Código de Defesa do Consumidor – art. 28: quando, em detrimento do consumidor, houver abuso de direito; excesso de poder; infração da lei; ato ilícito; violação do contrato social; inatividade da empresa; ou ainda quando a personalidade jurídica for obstáculo ao ressarcimento de prejuízos causados aos consumidores.

4. Lei n. 12.529/2011 – lei que estrutura o Sistema Brasileiro de Defesa da Concorrência (SBDC) e dispõe sobre a prevenção e a repressão às infra-

CAPÍTULO 4 – DIREITO EMPRESARIAL E SOCIETÁRIO PARA EMPREENDEDORES **67**

ções contra a ordem econômica – art. 34: prevê a desconsideração da personalidade jurídica quando houver: infração à ordem econômica (p. ex., combinar a fixação de preços com concorrentes) em decorrência de abuso de direito; excesso de poder; infração da lei; ato ilícito; violação do contrato social; inatividade ou falência por má administração.

5. Lei n. 9.605/98 – Lei de Proteção Ambiental – art. 4º: quando a personalidade jurídica for obstáculo ao ressarcimento de prejuízos causados ao meio ambiente.

6. Lei n. 5.172/66 – Código Tributário Nacional (CTN) – art. 135: quando não houver o pagamento de tributo resultante de ato praticado com excesso de poder ou infração de lei ou contrato social.

A desconsideração da personalidade jurídica tem sido aplicada com muita intensidade na *Justiça do Trabalho*, sob o fundamento de o trabalhador, sendo a parte mais fraca da relação de trabalho, não poder ser prejudicado pela falta de disponibilidade financeira da sociedade, independentemente do motivo que a levou a se tornar inadimplente. Ou seja, nessa visão, os sócios respondem independentemente de fraude ou confusão patrimonial pelas dívidas trabalhistas, o que não necessariamente é uma posição adequada.

O empreendedor deve ficar atento às regras de desconsideração da personalidade jurídica, uma vez que nem todos os bens são passíveis de constrição judicial. Caso o empreendedor tenha um único bem imóvel, jamais esse bem será penhorado, tendo em vista que a Constituição Federal e a Lei do Bem de Família assim o instituíram.

Contudo, o empreendedor deve observar algumas regras, entre elas o fato de tal bem ser dado em garantia em operação bancária; nesse caso, tal prerrogativa deixa de ser aplicada, e o bem de família poderá ir a leilão para sanar a dívida com credores.

Observa-se que, dependendo da atividade econômica na qual o empreendedor atuará, existirão regras específicas. Por exemplo, uma atividade que provoque grande impacto ambiental, na hipótese de descumprimento de regras ambientais, poderá ensejar multa por parte da administração pública.

EXCLUSÃO DO SÓCIO POR JUSTA CAUSA

Além dos elementos legais que uma pessoa jurídica deve ter, como capital social, sede, objeto, sócios, entre outras disposições, há um elemento chamado *affectio societatis* (afinidade entre os sócios). Esse elemento, em

68 STARTUPS E INOVAÇÃO – DIREITO NO EMPREENDEDORISMO

resumo, dispõe que os sócios farão o máximo para que o negócio, aquele objeto descrito no contrato social, seja realizado.

Algumas vezes, no entanto, um dos sócios resolve ter atitudes "antidesportivas" com os demais sócios a fim de prejudicá-los, ou causar danos ao negócio, a eventuais credores, clientes, empregados.

A exclusão do sócio por justa causa pode ser uma saída para evitar que o empreendimento, às vezes próspero, seja comprometido por um sócio mal--intencionado. Com fundamento no art. 1.030 do Código Civil, o sócio remanescente e majoritário poderá pedir, judicialmente, segundo atos que comprovem a falta grave no cumprimento de suas obrigações, o afastamento do infrator da sociedade.

Lembrando que numa sociedade limitada deve haver a pluralidade de sócios. Retirando-se um dos sócios, o sócio remanescente tem o prazo de 180 dias para recompor o quadro societário, sob pena de bloqueio administrativo da Junta Comercial onde a empresa estiver registrada.

DA DISSOLUÇÃO DA SOCIEDADE

A sociedade empresária, seja ela simples, limitada ou por ações, pode ser dissolvida por interesse dos sócios no fim do prazo de sua duração, bem como pela falta de interesse dos sócios em continuar o negócio ou por revogação da autorização que a permitia funcionar. Cada um dos tipos societários, com personalidade jurídica, terá um procedimento próprio de dissolução.

Primeiramente, tanto a sociedade simples quanto a limitada podem ser dissolvidas conforme as regras estabelecidas no art. 1.033 do Código Civil. Ali, além de encontrar as hipóteses de dissolução da sociedade, como a deliberação dos sócios pela maioria absoluta, se verifica que cumpre ao administrador finalizar todos os negócios pendentes para encerrar as atividades da empresa.

Outra forma de dissolução da sociedade, total ou parcial, é quando um dos sócios ingressa judicialmente para a exclusão do sócio faltante, ocasionando a dissolução parcial daquela participação e verificando por meio de apuração de haveres qual é a parte do patrimônio da empresa a que o sócio retirante tem direito, se positivo.

Na sociedade anônima, as hipóteses de dissolução são aquelas previstas no art. 206 da Lei n. 6.404/76, como expiração do prazo de duração da sociedade, nos casos previstos no estatuto social, por deliberação da assembleia ordinária, pela falta de pluralidade de acionistas, pela extinção da autorização para funcionamento.

PENHORA DE COTAS E AÇÕES

Uma das formas de o credor garantir a liquidez do seu crédito é por meio de penhora sobre bens do devedor. Em regra, o credor busca bens de grande liquidez, como bloqueios judiciais em contas-correntes bancárias, veículos, imóveis, entre outros ativos.

Contudo, sendo as cotas e as ações consideradas ativos, ou seja, bens suscetíveis de expressão econômica, o credor pode vir a buscar a penhora das cotas ou de ações. O caminho que o credor geralmente utilizará para penhorar as cotas é via execução judicial do empreendedor na pessoa física.

Pode ocorrer, como mencionado anteriormente, de o credor executar o devedor, ou seja, o empreendedor na pessoa física, a fim de satisfazer o seu crédito. Para tanto, uma ordem judicial de bloqueio será expedida para o órgão no qual a pessoa jurídica está registrada, Junta Comercial ou Cartório de Registro de Pessoas Jurídicas, para que o devedor não se desfaça desse bem, no caso das cotas de sociedade limitada.

Em relação às ações, para que o credor busque essas informações é um pouco mais complicado. Primeiramente, ele deve ter acesso ao livro de acionistas, que se encontra com a empresa, e o administrador deve consignar no livro a decisão judicial determinando a penhora das ações. Diferentemente do que ocorre nas sociedades limitadas, a Junta Comercial não é responsável por averbar e arquivar os atos de transferência de ações, o que dificulta o caminho do credor. Mas é perfeitamente possível a penhora desse bem.

BUSINESS JUDGEMENT RULE

É uma teoria desenvolvida nos Estados Unidos, em especial a partir do caso Otis & Co. *vs.* Pensilvania R Co., a fim de proteger a discricionariedade do administrador tomada para o bem do negócio e desenvolvimento da empresa. O principal objetivo é proteger o administrador de decisões equivocadas em relação aos acionistas.

Todos estão sujeitos a decisões equivocadas. Caso fosse possível imputar ao administrador cada decisão equivocada, tendo como garantia o seu patrimônio particular, ninguém aceitaria a responsabilidade de ser administrador de uma sociedade por ações.

A partir desse raciocínio, verifica-se que os administradores não podem ser punidos em razão de decisões tomadas na condução do negócio. No Direito brasileiro, no art. 158 da Lei n. 6.404/76, "o administrador não é pessoalmente responsável pelas obrigações que contrair em nome da sociedade e em virtude de ato regular de gestão". Ou seja, por mais que o Direito brasileiro não tenha adotado a mesma nomenclatura, conclui-se que o administrador de uma companhia constituída pelas leis nacionais não será pessoalmente responsável por eventuais equívocos.

Como dito, nas condutas do administrador da sociedade por ações, entende-se que estas devem estar revestidas por boa-fé, com o emprego de toda a diligência na administração como nos negócios próprios, conforme a redação do art. 154 da Lei n. 6.404/76.

FUSÕES E AQUISIÇÕES (M&A)

A sigla M&A (*Mergers and Acquisitions*) refere-se a estratégias de gerenciamento, finanças e administração de ativos em que o administrador poderá encontrar oportunidade de comprar, vender, dividir, fundir, entre outros arranjos que são permitidos não só pela legislação mas pelas regras de administração de empresas e economia, a fim de otimizar processos e rentabilidade.

Contudo, são necessários alguns passos para que o empreendedor tenha certeza de que o bem que lhe está sendo ofertado faça total sentido para um negócio.

DUE DILIGENCE

A *Due Diligence* é uma investigação que pode ser realizada por administradores, contadores, economistas, auditores, investigadores particulares e advogados, bem como por qualquer profissional, com o objetivo de levantar o maior número de informações acerca de um negócio, objeto, ativo ou empresa que está sendo negociada.

O adquirente quer ter certeza de que tal bem que lhe é ofertado tem as condições financeiras, contábeis, jurídicas, ambientais, concorrenciais e administrativas em ordem, dentro dos padrões de normalidade.

Em suma, trata-se de um trabalho cujo objetivo é delimitar o ativo e o passivo de determinada empresa, verificando-se se esta tem as condições para ser adquirida.

Por exemplo, o adquirente, após o término da aquisição, vem a descobrir que há um passivo trabalhista imenso, por causa de uma rotina trabalhista executada fora dos padrões de normalidade, que pode prejudicar o andamento normal dos negócios.

A *Due Diligence*, se bem realizada, tem o papel de encontrar o tamanho do ativo e do passivo. Com isso, as partes podem chegar a um preço mais justo.

INCORPORAÇÕES

As incorporações são operações previstas no art. 227 da Lei n. 6.404/76 segundo as quais uma ou mais sociedades são absorvidas por outra sociedade, sucedendo a esta em todas as obrigações e direitos advindos dessa operação. Por exemplo, uma instituição bancária adquire outra instituição; a partir dessa incorporação, a instituição que adquiriu passa a ser responsável pelo ativo e pelo passivo.

Fusão

fusão, de acordo com o art. 228 da Lei n. 6.404/76, é a operação pela qual duas ou mais sociedades se unem para formar uma terceira sociedade, sucedendo-lhes em todos os direitos e obrigações. A nova sociedade será responsável pelo ativo e pelo passivo das sociedades anteriores.

Cisão

cisão é a operação, na forma do art. 229 da Lei n. 6.404/76, em que uma sociedade transfere para outra sociedade uma parcela de seu patrimônio, ou cria uma sociedade a partir da parcela transferida.

As operações de cisão são mais complexas que as demais. Caso uma sociedade incorpore parte da sociedade cindida, ela passará a ser responsável pelo ativo e pelo passivo, sub-rogando-se nas obrigações. Enquanto isso, na hipótese de extinção por cisão, as sociedades que absorverem o patrimônio serão responsáveis na proporção do patrimônio cindido.

HOLDING

A *holding* é uma empresa constituída com o objetivo de administrar bens. Em regra, grandes grupos econômicos buscam otimizar a administração de bens das empresas que fazem parte do grupo, bem como administrar a participação da empresa-mãe nas demais empresas.

A *holding* é uma empresa controladora de outras empresas que realizam operações econômicas. Todas essas empresas são regidas pela Lei n. 6.404/76, sendo que as empresas operacionais são subsidiárias da empresa-mãe, ou seja, da *holding*, constituída com o propósito de administrar a operação realizada pelas empresas operacionais, ou subsidiárias.

As empresas subsidiárias são companhias em que a titularidade de todas as ações pertence somente a uma sociedade anônima brasileira, conforme disposições do art. 252 da Lei n. 6.404/76.

JOINT VENTURE

Todas as sociedades empresárias e os arranjos societários apresentados até o momento têm fundamento legal, seja no Código Civil, seja na sociedade por ações.

Mas a *joint venture* não tem propriamente um escopo jurídico a ser seguido. Conforme explicamos nos tópicos anteriores, a sociedade simples tem alguns requisitos, da mesma forma que a sociedade limitada, e especialmente a sociedade anônima.

Contudo, para o direito brasileiro, a *joint venture* é mais um conceito moderno de administração do que um tipo societário. Podemos revirar a legislação nacional em vigor e não encontraremos um conceito seguro, preciso e com concisão, elaborado pelo legislador nacional, sobre o que seja a *joint venture* e quais são os requisitos a ser seguidos.

De acordo com a doutrina norte-americana, *joint venture* é a denominação econômica dada a dois concorrentes que resolvem se tornar sócios, a fim de diminuir os riscos de uma atividade econômica. Por exemplo, ao tentar explorar um novo mercado, dois concorrentes podem se tornar sócios de uma terceira empresa que vai operacionalizar nesse mercado até que ele se torne rentável e seguro para um novo produto.

Outro exemplo são atividades que exijam grandes riscos por parte das sociedades empresariais, como a exploração e prospecção de poços de petróleo ao redor do globo: empresas que são concorrentes se unem a fim de verificar a rentabilidade da atividade num novo mercado ou segmento.

Como dito, *joint venture* não é um conceito jurídico. Desse modo, no mercado verificaremos que existe esse tipo de empresa sob a égide da Lei n. 6.404/76, ou seja, dois concorrentes que explorarão um novo mercado ou segmento.

Com o fito de proteger nomes e marcas, empresas resolvem criar uma sociedade anônima especificamente para a exploração. Desse modo, a eleição de representantes de cada uma das empresas no conselho deliberativo, no conselho fiscal, nas atas, nos boletins de subscrição, ocorrerá pela lei da sociedade anônima.

TRESPASSE

Trespasse é o contrato de transferência do estabelecimento comercial. É importante ressaltar que o estabelecimento comercial, conforme o art. 1.142 do Código Civil, é "um complexo de bens organizados para o exercício da empresa, por empresário, ou por sociedade empresária".

Isso significa que o estabelecimento comercial é um conjunto de bens, como marca, ativos, estoque, o prédio onde está instalado, isto é, conjunto de bens corpóreos e incorpóreos necessário para o desenvolvimento do objeto comercial. Salienta-se que o leitor não deve confundir filial com estabelecimento comercial.

Pensamos no exemplo de uma rede de supermercados. Cada loja pode ser organizada como um estabelecimento comercial. Portanto, quando uma rede de supermercados resolve vender um dos seus estabelecimentos, faz um contrato de trespasse.

O contrato de trespasse tem apenas uma formalidade: só produzirá efeitos perante terceiros após averbado o contrato na inscrição de empresário ou da sociedade empresária no Registro Público de Empresas Mercantis e publicado na imprensa oficial.

O art. 1.145 do Código Civil estabelece apenas que o contrato que tenha por objeto o usufruto, arrendamento ou alienação do estabelecimento comercial depende do pagamento de todos os credores, ou do consentimento destes, de modo expresso ou tácito, até trinta dias após a notificação. Desse modo, o alienante do estabelecimento comercial deve notificar os credores para que estes tenham conhecimento da alienação.

O adquirente do estabelecimento comercial responde pelo pagamento de débitos anteriores à transferência, conforme estabelece o art. 1.146, desde que regularmente contabilizados. O antigo proprietário do estabelecimento comercial continuará como responsável das dívidas, solidariamente, pelo prazo de um ano, quanto aos créditos que já venceram e quanto aos demais, até a data do vencimento.

Uma vez que tenha experiência em determinado mercado ou negócio, o alienante do estabelecimento não pode fazer concorrência ao adquirente pelo prazo de cinco anos. Essa determinação legal foi uma das maneiras que o legislador encontrou para defender aquele que fez investimentos recentes e pode se encontrar descapitalizado, bem como para evitar a concorrência desleal do alienante em relação ao adquirente.

Por fim, o contrato de trespasse nada mais é que uma substituição daquele à frente do estabelecimento comercial, haja vista que o universo de bens ali dispostos servirá para o cumprimento do objeto social.

CAPÍTULO 5

Direito tributário para empreendedores

Marcio A. Noronha Costa

INTRODUÇÃO

Os tributos permeiam todas as atividades econômicas. Em tese, o Estado é "sócio de capital" de todos nós, assalariados ou empreendedores. E, como nosso sócio, ele demanda apenas duas coisas: plena transparência e a sua parte em dinheiro.

Por princípio constitucional, o Estado busca a transparência absoluta para garantir que os indivíduos lhe deem dinheiro com base em sua verdadeira capacidade de contribuir. Não à toa, o nome do regime tributário mais complexo para as pessoas jurídicas (ou mais transparente) é "lucro real".

De vez em quando, o Estado abre mão da transparência para beneficiar os contribuintes. É o caso do Simples. Afinal, operar com transparência dá trabalho, tanto para quem paga quanto para quem cobra. Mas, mesmo quando dispensa oficialmente a transparência, o Estado tenta incentivar (para não dizer forçar) o contribuinte a oferecer informações.

Os dividendos pagos por pessoa jurídica aos sócios são isentos de tributação (pois já houve a tributação da própria pessoa jurídica). Porém, se essa empresa não mantiver uma escrituração contábil completa, os dividendos só ficarão isentos até o valor da base de cálculo simplificada dos impostos. O excesso de dividendos será tributado na pessoa física do sócio de acordo com a famosa tabela progressiva aplicável aos salários e aos demais rendimentos.

A tecnologia avança sempre para forçar a transparência dos contribuintes. Sem prejuízo do caráter arrecadatório, um dos argumentos a favor da CPMF é o controle que ela proporciona.

Imagine uma sociedade rural na qual até os limites das propriedades são incertos, as ferramentas para a aferição de quantidades e dos efetivos valores de troca são precárias, a comunicação é pobre pelo analfabetismo generalizado e pela sua própria lentidão. Antes era muito mais difícil contar com algo além da confiança nos contribuintes.

Herdamos desse tempo alguns tipos tributários que não demandam transparência, mas, em compensação, independem do sucesso do empreendimento. Eles incidem sobre a receita obtida (como o PIS e a Cofins) ou sobre a circulação de produtos e serviços, ainda antes da realização da receita (como o ICMS e o ISS), e até sobre a mera produção desses produtos mesmo antes de sua circulação (como o IPI em casos específicos). Tudo fácil de ser observado, literalmente. São muito similares aos *royalties* hoje negociados entre particulares. Não por acaso, essa palavra remete à "realeza", uma figura que remete a "Estado".

Sobreviveram também os tributos sobre o patrimônio. Mesmo quando estamos parados, o Estado nos cobra a transparência sobre as nossas posses e algum dinheiro por detê-las. É o caso dos conhecidos IPTU e IPVA e da contribuição sindical patronal, menos conhecida, calculada sobre o capital social integralizado de uma pessoa jurídica. Quanto maior o capital social, maior esse tributo. Por isso, empresas mantêm ínfimos valores de capital mesmo acumulando grandes lucros.

Enfim, estamos cercados e não existe um plano perfeito e definitivo para garantir a menor carga tributária. O melhor que o empreendedor pode fazer para ser bem-sucedido nesse quesito é ter pleno controle sobre suas atividades e conhecimento de seus números. Em outras palavras, o maior controle possível sobre sua transparência.

TRANSPARÊNCIA E BENEFÍCIOS

A primeira pergunta a ser respondida pelo empreendedor não é "Quanto em impostos precisaremos pagar?", mas "Que grau de transparência nos será exigido?" e "Que grau poderemos suportar?".

O principal critério para definir o grau de transparência requerido de um empreendimento é a sua relevância como contribuinte. Aqueles de menor relevância em termos contributivos, como os microempreendedores individuais, devem uma contribuição fixa mensal mas pouquíssimas explicações.

Quanto maior o faturamento de uma empresa, mais o Estado vai exigir dela os detalhes de sua operação e de seus ganhos. A essas empresas maiores são concedidos os principais benefícios tributários com impacto financeiro.

Por exemplo, vários dos benefícios enumerados na Lei do Bem dão alívio de caixa e diminuem de verdade a carga tributária das empresas sujeitas ao regime de apuração do imposto de renda com base no lucro real (o regime de maior transparência).

Um dos benefícios dessa lei está relacionado à inovação tecnológica. Para aproveitá-lo, a empresa precisa ser capaz de detalhar quanto investiu em cada projeto inovador durante o ano e descrever esses projetos. Acredite, não é tão fácil quanto parece quando a coisa está em movimento. Quem não se prepara impondo procedimentos de controladoria desde o início tem dificuldade em separar as despesas de um projeto e de outro.

O departamento operacional precisa controlar suas compras e atividades diárias. Utilizar sistemas de lançamento de horas e descrição de tarefas é mandatório para identificar as despesas com profissionais divididos no dia a dia entre atividades de pura e simples produção e atividades de testes de laboratório ligadas à pesquisa e ao desenvolvimento (P&D).

Os contadores também precisam ser instruídos para descrever os lançamentos contábeis das despesas com detalhes e classificações suficientes para, mais tarde, gerar relatórios exatos dos custos atribuídos aos respectivos projetos.

Procedimentos de controle tão profundos podem parecer excessivos no início das atividades. Contadores, clientes e até familiares vão adverti-lo de que esse é o momento de optar por formatos mais simplificados de apuração de impostos e evitar mais essa preocupação. É prudente ouvi-los. Mas, se quiser mesmo ficar livre de preocupações, o empreendedor deve optar pela simplicidade apenas oficialmente e adotar procedimentos internos como se estivesse já obrigado às mais complexas metodologias. A adoção tardia desses procedimentos internos é dolorosa e, muitas vezes, deixa escapar dinheiro.

Vejamos um exemplo. Dois amigos, em sociedade, fazem uso de seus próprios computadores para criar um *software*. Em seguida, há a necessidade de usar um celular para testar o *software* e, por sorte, eles também já possuem o aparelho adequado. Essa mistura entre o patrimônio pessoal dos sócios e o do empreendimento é invisível em todos os fins tributários quando se opta pela forma menos transparente de apuração. O Estado desconsidera esses fatos e se atém às vendas. Enquanto não houver vendas, não há preocupação com tributos.

No entanto, os empreendedores devem se ocupar da contabilização (entenda-se: registro, anotação etc.) desses fatos. Devem atribuir um valor aceitável de custo para essa disponibilidade de bens (computadores e celular) e também para a dedicação das pessoas físicas envolvidas na fabricação do *software* (horas de trabalho). Ainda que o Estado não o exija e ainda que não se deva declarar nada naquele momento.

Por quê? Por treino e histórico analisável. O treino trará maleabilidade ao empreendimento. Em caso de sucesso "de mercado", esses sócios poderão receber um investimento de tal tamanho que os obrigue a, de repente, adotar esses novos níveis de transparência. E, em caso de crescimento orgânico, os sócios poderão confiar no histórico para antecipar os efeitos tributários desse crescimento. Mais um argumento: com bons controles se extrai valor até de prejuízos.

FOCO NO MAIS SIMPLES OU NO MAIS COMPLEXO?

O regime tributário do Simples Nacional é de fato bem simples (e os contadores adoram), mas nem sempre é o mais vantajoso a adotar no início de uma atividade. Pode ser que uma empresa de *software* comece com um longo período de desenvolvimento, sem vender nada. Pelo regime do Simples ela não pagará nada, nem pelo regime do lucro real (não há receita, então também não há lucro). Mas ela ficará em melhor forma financeira se for capaz de acumular prejuízos. Algo possível com o lucro real.

Nesse regime, o Estado aceita ser sócio também "no risco". Se há prejuízo (chamado "prejuízo fiscal"), o imposto de renda só será cobrado quando houver lucro que cubra esse prejuízo. Isso é feito em parcelas, é claro – o Estado é sócio, mas não é tão "parceiro" assim. O prejuízo dá origem a um crédito tributário. Esse crédito representa um real desconto nos impostos futuros e tem valor reconhecido por investidores em processos de fusão e aquisição.

Qual é a desvantagem? A empresa fica obrigada às chamadas "obrigações acessórias", nome dado ao conjunto infindável de declarações, certificados etc., ou seja, tudo o que não é recolhimento em dinheiro. Este último é chamado de "obrigação principal".

Um impacto positivo de caixa que o Simples trazia com exclusividade estava no âmbito dos encargos trabalhistas. As alíquotas do Simples já englobam o "INSS parte empregador", calculado em 20% sobre o salário bruto. Isso incentivava o empreendedor a optar pelo Simples quando precisava vincular empregados. Porém, essa exclusividade acabou, e o Estado já permite o pagamento do INSS calculado sobre a receita bruta para grande parte das indústrias e prestadores de serviços, mesmo sem aderirem ao Simples.

Essa medida foi apelidada de "desoneração da folha de pagamentos" e começou justamente pelas empresas de informática para evitar um comportamento muito comum nesse setor apelidado de "pejotização". As grandes "fábricas de *software*" obrigavam cada um de seus funcionários a criar uma empresa própria e a estas pagava honorários. A contratante "fugia" dos encargos trabalhistas e os funcionários arcavam com os custos e com os impostos próprios de uma empresa.

Na ponta do lápis (considerando as taxas de abertura, os gastos com contador para a manutenção de uma pessoa jurídica e os respectivos impostos), isso trazia algum alívio de caixa, mas uma vantagem financeira real quase nula para ambas as partes. Ao tornar o INSS uma contribuição sobre a receita bruta, o Estado pretende extinguir esse comportamento e incentivar o vínculo empregatício também para empresas fora do Simples.

O Simples ainda traz um benefício muito importante ao facilitar o cálculo do ICMS e do IPI, já incluídos na alíquota. Em regra geral, esses impostos são "não cumulativos". A empresa os deve apenas pela diferença entre o que vendeu (gerando débitos) e o que comprou (gerando créditos). Ao comprar matérias-primas, a empresa se apropria de créditos de ICMS e de IPI, que ficam acumulados até algum débito seja compensado com eles, ou seja, no momento da venda do produto acabado. Acompanhar esse movimento de débitos e créditos é bem trabalhoso. É a chamada "conta gráfica". Exige planilhas e sistemas bem parametrizados e uma mão de obra no mínimo cuidadosa para operá-los no dia a dia.

Esses dois impostos são muito explorados por políticos. O IPI é um imposto regulatório por natureza e incide em alíquotas diferentes dependendo da essencialidade do produto. O IPI de cosméticos é maior que o IPI de alimentos. O ICMS é de competência dos estados da federação e os governadores mexem bastante nesse imposto para atrair negócios para seu território. É a chamada "guerra fiscal".

Os optantes do Simples raramente são atingidos por essas alterações, mas em meados de 2015 isso ocorreu.

O caso é interessante porque o ICMS (mesmo aquele incorporado na alíquota do Simples) é devido ao estado da sede do varejista. Com o *e-commerce* ganhando força, o consumidor frequentemente está em outro estado. Os estados com maior quantidade de lojas concentrariam a renda tributária. Isso não pareceu justo para com os estados mais consumidores. Esse novo elemento forçou o sistema de arrecadação a se modernizar.

Essa modernização veio na forma de uma complexa obrigação acessória. As secretarias de receita estaduais passaram o problema para os contribuintes, exigindo deles o recolhimento fracionado do ICMS. Um porcentual para o estado de origem e outro porcentual para o estado de destino da mercadoria, onde mora o consumidor, identificando o valor devido a cada venda.

CAPÍTULO 5 – DIREITO TRIBUTÁRIO PARA EMPREENDEDORES 79

Essa norma foi trazida pela Emenda Constitucional n. 87/2015 e pelo Convênio ICMS n. 93/2015 e é complexa demais para um contribuinte do Simples, de quem não era exigido nada além de uma alíquota sobre o total das vendas englobando todos os tributos do mês. Entidades de classe (como a OAB e a Fiesp) argumentaram em favor da simplicidade, e a norma foi judicialmente suspensa para esses casos, conforme a decisão do STF na Ação Declaratória de Inconstitucionalidade (ADI) n. 5.464.

Mesmo com um Judiciário compreensivo, o empreendedor deve ser capaz de considerar a alternativa complexa levando em conta alguns impactos benéficos.

Se um empreendimento industrial atua em um setor importante da economia, pode ser muito conveniente deixar o Simples de lado e aproveitar-se de alíquotas descontadas de IPI e até isenções por longos períodos. Como exemplo, temos o caso da redução de IPI para produtos da linha branca.

Se um empreendimento exige maquinário para iniciar as operações, mais uma vez pode ser vantajoso evitar o Simples e creditar-se de ICMS na compra de máquinas novas. Também é muito comum os estados darem importantes descontos e parcelamentos de ICMS a novas linhas de produção e à sua expansão, principalmente se isso envolver novos empregos.

O PIS e a Cofins também se tornaram tributos não cumulativos, mas não deixaram de ser cumulativos, com muitas exceções. A sentença é confusa de propósito e profundamente verdadeira. O PIS e a Cofins foram explorados politicamente a ponto de acumularem mais complexidade que a observada em qualquer outro tributo. Talvez sejam mais complexos que a soma de todos os outros. Hoje, o medo de adotar um novo regime de PIS e Cofins é um enorme entrave para a adoção do lucro real.

Quem opta pelo Simples paga o PIS e a Cofins já dentro da alíquota. Quem opta pelo regime do lucro presumido opta automaticamente pelo regime cumulativo de PIS e Cofins, que é fácil de calcular. Nele, a alíquota é aplicada sobre a receita bruta do contribuinte. Mas, é claro, não faltam discussões e questionamentos a respeito de como se determina a tal da "receita bruta".

Quem opta pelo lucro real opta também pelo regime não cumulativo do PIS e da Cofins. Em regra geral, ele funciona como o ICMS e o IPI. Há créditos sobre as aquisições e débitos sobre as vendas, e uma conta gráfica exigindo os mesmos controles trabalhosos. Como todo negócio presume uma margem de lucro, os débitos tendem a suplantar os créditos e a empresa paga os tributos sobre essa majoração. O ICMS e o IPI vêm registrados nas notas fiscais, o que torna muito fácil a apuração dos créditos, se comparada à mesma tarefa no caso do PIS e da Cofins.

As normas de PIS e Cofins já nasceram imprecisas nesse ponto. A base de cálculo dos créditos é "pobremente descrita" na legislação. Assim, a subjetividade de contribuintes, de fiscais e de juízes em discussões administrativas e doutrinárias, e até em decisões judiciais, dá esse tom de insegurança que justifica o medo.

Para ilustrar, observemos a enorme complexidade aplicável ao caso de um setor simplório como o de reciclagem.

Uma empresa compra e vende aparas de metal. Ela não pode tomar créditos sobre essas compras mas pode calcular créditos de PIS e Cofins sobre as demais aquisições, tais como energia elétrica e aluguéis (exceto dos terrenos que já forem dela).

Sim! A empresa precisa anotar essa característica sobre os terrenos e prédios locados, se já forem dela ou não.

Ela não paga PIS nem Cofins sobre suas vendas quando seus clientes também optam pelo lucro real. Quando vende a clientes do Simples, do lucro presumido ou do lucro arbitrado, não há suspensão e ela precisa calcular o débito de PIS e Cofins sobre essas vendas.

Não é raro a empresa precisar conhecer o regime de tributação de seu cliente para determinar quais tributos ela mesma deve.

O empreendedor, com a ajuda de profissionais, deve procurar compreender as regras aplicáveis ao seu negócio antes de engajar-se em discussões possivelmente inócuas para o caso concreto. Empresas de *software* (entre outras empresas de serviços) estão sujeitas ao regime cumulativo (aquele mais fácil) ainda que optem pelo lucro real.

ESPECIAL ATENÇÃO AO ISS

A maior parte das *startups* da atualidade ficará sujeita ao Imposto sobre Serviços (ISS). Ele incide sobre a receita bruta não importando o regime tributário adotado pela empresa (Simples, lucro presumido ou real). Há uma lista exaustiva de atividades sujeitas ao ISS. Essa lista vale para o Brasil inteiro, é anexa à Lei Complementar n. 116/2003 e cresce a cada ano.

Na lista estão serviços como o de "elaboração de programas de computador, inclusive de jogos eletrônicos e planejamento, confecção, manutenção e atualização de páginas eletrônicas", abrangendo várias atividades relacionadas ao ramo da informática.

O serviço de "instalação e montagem de aparelhos, máquinas e equipamentos, inclusive montagem industrial" também faz parte da lista. De vez em quando um fabricante vende esse tipo de serviço junto com o equipamento. Como a alíquota de ISS é mais baixa que a do ICMS, quando for possível, é mais vantajoso vender o serviço separado do produto.

Essa lista também traz "agenciamento, organização, promoção, intermediação e execução de programas de turismo, passeios, viagens, excursões, hospedagens e congêneres". Aqui se encaixaria o Uber.

É importante contar com ajuda profissional na hora de descrever o serviço e identificar a adequada classificação fiscal de sua atividade. O imposto é municipal, e a alíquota pode variar entre 2 e 5%, dependendo da discricionariedade da prefeitura e de quais tipos de negócio ela deseja fomentar em seu território.

Essa regionalidade gera outro problema muito grave. Empresas sediadas em um município que prestam serviços em outro acabam correndo o risco de ser tributadas em ambos. A proximidade entre municípios e a internet aumentam a ocorrência desses casos. O empreendedor deve formalizar consulta às autoridades tributárias dos municípios envolvidos e, se necessário, buscar proteção judicial para evitar a bitributação.

SONEGAÇÃO

Pensando em sonegar impostos? O Estado conhece bem as diversas facetas desse comportamento e toma suas providências contra os praticantes. Não podemos ignorar os reais efeitos da sonegação, ainda mais quando a intenção é utilizá-la como alavanca para ganhar mercado.

Analisemos o caso real de uma empresa que formalizava importações com valor de nota fiscal diminuto, sonegando os impostos sobre o valor aduaneiro – imposto de importação, PIS e Cofins, ICMS e IPI – em conluio com os fornecedores, e também formalizava vendas no mercado nacional com valor fiscal diminuto, sonegando os impostos sobre as receitas – PIS e Cofins, ICMS e IPI e o imposto de renda, na época apurado com base no lucro presumido – em conluio com seus clientes.

Com esse "planejamento" a empresa evitou o recolhimento de um certo montante de impostos. No entanto, registrou lucros equivalentes a menos de um terço desse montante. Os dois terços restantes foram repassados, seus preços diminuíram e ela ganhou mercado.

Como não acumulou resultado operacional suficiente para reverter o procedimento – ou seja, não ganhou sequer o suficiente para um dia recolher os impostos em atraso –, a empresa tornou-se "viciada" em sonegação. O crime passou a ser necessário para sua sobrevivência. Para piorar, considerando as multas e os juros de uma autuação fiscal, o buraco seria impagável, o equivalente a nove vezes o lucro auferido com a sonegação. Nesses casos, o benefício se dilui pelo mercado, mas o sonegador fica com o risco pecuniário e criminal. Parece que não compensa, certo?

Avançando mais no estudo, concluiu-se que a empresa seria capaz de arcar com os tributos do dia a dia se seus preços aumentassem algo entre 18 e 21%. Não chegou a ser feito um estudo de mercado para aferir a elasticidade-preço da demanda. Os cálculos internos demonstraram que a empresa seria capaz de aumentar seus preços e suportar até 28% de redução em seu mercado antes de amargar qualquer prejuízo, mas pagando todos os impostos. Significa dizer que, grosso modo, a empresa tinha crescido 28% de forma insustentável, apoiando-se em atividades ilegais.

VENDA DE PARTICIPAÇÕES

Um dos pontos mais altos da carreira de um empreendedor é quando ele é assediado por investidores. Nesse momento ele espera receber a devida recompensa pelo esforço dedicado até ali. Nesse momento é possível economizar impostos mesmo sem realizar planejamentos societários complexos e, por vezes, questionáveis.

Quando se vendem as quotas de sua empresa (ou parte delas), os impostos são calculados sobre a diferença entre o valor recebido pelas quotas e o valor registado como investido na empresa ao longo do tempo. Chama-se "ganho de capital". Se o empreendedor deixa de reconhecer (na contabilidade registrada, nas declarações oficiais etc.) qualquer valor investido na empresa (até mesmo aquele crédito sobre o prejuízo), a base de cálculo do imposto de renda será maior. Se registrar todos os ativos, a base de cálculo será menor.

Isso não é algo livre, há limites legais e princípios gerais a serem observados pelos gestores e contadores para o registro de ativos e a determinação de seu valor. Mesmo assim, frequentemente se veem ativos esquecidos nas *startups*, que não diminuem a base tributária do ganho de capital só porque não foram bem documentados à época.

É uma pena ver como grande parte do rendimento se esvai em impostos por causa de mera falta de atenção a procedimentos fiscais.

A chave do sucesso tributário do empreendedor é o controle da transparência. Esse trabalho deve ser minucioso. Afinal, pagar é fácil. O difícil é mostrar para o seu "sócio", cinco anos depois, que você pagou o certo.

CAPÍTULO 6

Recursos para empreender

Augusto Peres Coutinho Netto

Empreender, na acepção da palavra, é sinônimo de "intentar, levar a efeito, dar princípio a..."[1]. Nesse universo é fundamental ter clareza do contexto em que se pretende empreender, quais os potenciais benefícios, qual a complexidade de execução, entre outras reflexões necessárias que permitem um posicionamento adequado. Com isso, é possível iniciar a jornada do seu empreendimento mesmo no Brasil, onde as empresas ocupam um ambiente estressante, altamente onerado e, ainda, competem com interesses de grandes grupos econômicos mantidos por acordos políticos.

Em publicação da GEM[2] relacionada à qualidade do empreendedorismo brasileiro, o principal fator limitante apontado pelo estudo é referente às políticas governamentais (73,8% dos entrevistados). Ao mesmo tempo que o país cria leis específicas para simplificar o empreendedorismo, a elevada carga tributária e a burocracia vão na contramão de um desenvolvimento pleno e frutífero. O alto nível de corrupção e um sistema financeiro abusivo completam a fórmula para a ineficiência do Estado em dar boas condições ao empreendedorismo.

Ainda, como segunda barreira, 40,2% dos especialistas entrevistados apontam o acesso a recursos financeiros. Além disso, a educação colhe frutos de um sistema de ensino ultrapassado e mal elaborado, no qual os alunos não compreendem a importância do ensino e, com isso, crescem sem saber o porquê de muitos estudos, sem gostar de estudar e, o pior, sem aprender o

---

1   Disponível em: <https://dicionario.priberam.org/empreender>. Acesso em 11 out. 2015.
2   *Global Entrepreneurship Monitor*, 2018.

84 *STARTUPS E INOVAÇÃO – DIREITO NO EMPREENDEDORISMO*

suficiente para contribuir com o desenvolvimento social. Quando se trata de capacitação para empreender, os canais efetivos ainda são poucos, sendo o terceiro fator apontado como barreira ao empreendedorismo.

Nesse contexto esta obra reflete os direitos dos empreendedores considerando seu papel propulsor na sociedade em seus mais diversos sentidos. Este capítulo, especificamente, trata sobre os recursos necessários ao empreendedorismo, contém uma visão holística de recursos humanos, estruturais e organizacionais e aborda os componentes de uma organização que pretende atingir resultados expressivos.

TABELA 1 – VISÃO HOLÍSTICA DOS RECURSOS

Natureza	Fundamento
Organizacional	Valores, missão, visão, políticas, processos, objetivos
Estrutural	Físico, tecnológico e financeiro
Humana	Empreendedor, colaborador, apoiador, patrocinador

ORGANIZACIONAL – TRANSMITA A DIREÇÃO

Uma organização deve ser criada sobre valores que refletem sua identidade, determinando os pilares intangíveis sobre os quais deverão se basear as práticas empresariais. Valores dão sentido de identidade tanto para colaboradores internos como para o público consumidor. Para auxiliar a compreensão, abaixo seguem quatro valores organizacionais da Netflix, publicados em seu *site*[3]:

TABELA 2 – VALORES ORGANIZACIONAIS: CASO NETFLIX*

Valores organizacionais	Descrição
Julgamento	Você toma decisões sábias apesar da ambiguidade.
	Você identifica causas raízes, e vai além de tratar sintomas.
	Você é bom utilizando dados para informar sua intuição.
	Você toma decisões considerando o longo prazo, não o curto.
Comunicação	Você é conciso e articulado no discurso e na escrita.
	Você escuta e procura entender antes de reagir.
	Você mantém a calma e o equilíbrio em situações estressantes para encontrar o mais claro pensamento.
	Você adapta seu estilo de comunicação para trabalhar bem com pessoas ao redor do mundo que não conhecem seu idioma nativo.
	Você provê feedbacks sinceros, úteis e frequentes aos seus colegas.

(continua)

---

3   Disponível em: <https://jobs.netflix.com/culture>. Acesso em: 24 jun. 2019.

Curiosidade	Você aprende rápido e de maneira ávida.
	Você contribui efetivamente fora de sua especialidade.
	Você faz conexões que outros não fazem.
	Você procura entender nossos membros ao redor do mundo, e como os entretemos.
	Você procura alternar perspectivas.
Coragem	Você fala o que pensa, quando isso está relacionado aos interesses da NETFLIX, mesmo quando isso é desconfortável.
	Você toma decisões difíceis sem sofrer.
	Você toma riscos inteligentes e está aberto à possibilidade de falhar.
	Você questiona ações incondizentes com nossos valores.
	Você está apto a ser vulnerável na busca pela verdade.

*Tradução livre do autor.

Repare que esses valores são guias comportamentais que auxiliam os colaboradores em sua tomada de decisão e mentalidade considerando sua atuação em nome da Netflix. Os valores organizacionais são fundamentais para alinhar a mentalidade dos colaboradores e criam uma dinâmica própria nas atividades da empresa.

Além dos valores organizacionais, é fundamental estabelecer uma missão, ou seja, a razão pela qual a empresa existe hoje, qual a sua finalidade. Perceber a missão da empresa como sua razão de existir no presente facilita a identificação de oportunidades e a percepção de valor aos diversos públicos. Para melhor entendimento, na tabela a seguir estão as missões de algumas empresas conhecidas.

TABELA 3 – MISSÃO ORGANIZACIONAL: AS MISSÕES DAS GIGANTES

Valores organizacionais	Descrição
Wal-Mart[4]	Vender por menos para as pessoas viverem melhor.
Coca-Cola[5]	Refrescar o mundo. Inspirar momentos de otimismo. Criar valor e fazer a diferença.
McDonald's[6]	Trabalhamos, diariamente, para ser o restaurante favorito dos nossos consumidores.

---

4 Disponível em: <https://www.walmartbrasil.com.br/sobre/>. Acesso em: 24 jun. 2019.
5 Disponível em: <https://www.cocacolaportugal.pt/informacao/visao-missao-valores-coca-cola>. Acesso em: 24 jun. 2019.
6 Disponível em: <https://www.mcdonalds.pt/mcdonalds/missao-valores/>. Acesso em: 24 jun. 2019.

Um dos "gurus" do marketing, Philip Kotler, reflete sobre a missão das empresas: "Você pode não aprender muito ao ler a missão de uma empresa, mas você aprenderá muito ao tentar escrevê-la"[7]. A missão define de maneira explícita e ideológica o que a empresa se propõe a fazer, está relacionada com a resolução de um problema, com a geração de ganho ao usuário e até com aspectos intangíveis e subjetivos como força de marca, *status* ou acessibilidade.

Por fim, mas não menos importante, criar a visão do negócio para traçar um rumo ao futuro da organização, declarando pretensões de atuação e reconhecimento, inspira e desafia, demonstra onde a empresa quer chegar e o que pretende alcançar. Com isso, cria-se um objetivo futuro a ser construído, dando mais subsídios às pessoas para que apoiem essa ou aquela empresa. Veja a imagem que ilustra a visão de futuro da Natura:

Figura 1   Visão de futuro: caso Natura – impacto positivo 2050[8]

O documento, contendo 44 páginas, informa sobre suas políticas, pilares de atuação, liderança e outras informações importantes, trazendo as visões de futuro da empresa para 2050 e norteando sua atuação frente à sociedade e demais interessados.

Com a tríade valores, missão e visão, você será capaz de comunicar a mesma mensagem a diferentes pessoas e, com isso, será possível obter os traços de como a empresa atuará. Apenas essas atividades não garantem o sucesso, é preciso traduzir a tríade nas rotinas e nas relações da organização. Políticas internas servirão como referência às práticas operacionais:

---

7   JESUS, Laércio. A missão das grandes, das mais conceituadas empresas... Portal dos Administradores, 2011. Disponível em: <https://administradores.com.br/artigos/a-missao-das-grandes-das-mais-conceituadas-empresas>. Acesso em: 14 out. 2019.
8   Disponível em: <https://www.natura.com.br/sustentabilidade/visao-2050>. Acesso em: 24 jun. 2019.

TABELA 4 – RELAÇÃO DE PROCEDIMENTOS: DESCRIÇÃO, FINALIDADE E BENEFÍCIOS

Descrição	Finalidade	Benefícios
Recrutamento e seleção	Prevê critérios e atividades para selecionar novos colaboradores	Processos menos subjetivos com candidatos avaliados pelos mesmos critérios
Remuneração	Prevê formas de remuneração em razão das funções desempenhadas	Processo menos subjetivos e maior consciência sobre funções e remuneração
Política de vendas	Prevê critérios de vendas, formas de pagamento, prazos de entrega, descontos	Melhora a autonomia da equipe de vendas; alinhamento com fluxo de caixa
Pós-venda	Prevê procedimentos para interação com clientes após a compra ou durante a utilização do produto/serviço. Reparos e manutenção	Identificação de oportunidades de melhoria e inovação, proximidade com o cliente, fidelização e aumento do *ticket* médio
Campanhas	Direcionar esforços da equipe em relação a comunicação e venda, atrair clientes por oferta especial	Aumento dos resultados pelo direcionamento de esforços

Esses padrões, geralmente, são criados em um momento de paz, e segui-los representa a integridade da empresa e sua rotina. Ter referências de comportamento e processos aumenta a autonomia produtiva e administrativa. Sem processos bem definidos, desperdício e retrabalho acabam surgindo e, com isso, a qualidade de entrega pode ficar comprometida. Ainda, o atendimento ao cliente pode ser ineficaz sem o devido acompanhamento em relação a motivação e satisfação.

Como descrito no tópico, essas referências (valores, missão, visão e procedimentos) direcionam aqueles que atuam nas atividades da empresa no seu dia a dia. Todos sabem o que deve ser feito, gerando *know-how* e assertividade.

Para efetivamente gerir seus recursos são necessárias métricas[9] que permitem o acompanhamento e a evolução das atividades e dos objetivos do empreendimento. Com isso, é possível analisar de forma assertiva o desempenho e saber se a organização está caminhando para o rumo anteriormente definido. Vejamos na tabela a seguir alguns exemplos de métricas para avaliação de desempenho do negócio:

---

9   Formas de medir determinado aspecto empresarial, sejam quantitativos ou qualitativos.

88 STARTUPS E INOVAÇÃO – DIREITO NO EMPREENDEDORISMO

TABELA 5 – MÉTRICAS ORGANIZACIONAIS: EXEMPLOS COMUNS

#	Descrição	Como medir	Área	Medida
1	*Ticket* médio por cliente	Faturamento total/Total de clientes	Financeira	R$/cliente
2	*Turn over* de colaboradores	Saída de colaboradores/ Total de colaboradores	Recursos Humanos	%
3	ABC de fornecedores	Total de compras/ Fornecedor	Financeira Suprimentos	R$/fornec.
4	Novos clientes	Novos clientes /Total de clientes	Marketing	%
5	Devoluções	Quantia em devoluções/ Faturamento total ($)	Operações Financeira	%
6	Indicações por clientes	Clientes indicados /Total de clientes	Marketing	%
7	Variação do faturamento	Faturamento mês atual/ Faturamento mês anterior	Financeira Marketing	%
8	Integridade contábil	DRE gerencial/DRE contábil	Financeira Contábil	%

Mais do que ter métricas, é preciso saber o nível de confiança delas (qual a fonte dos dados utilizados?) e saber interpretá-las. A métrica #1 demonstra quanto, em média, um cliente investe. Ela pode ser utilizada para entender a eficácia de campanhas promocionais. A métrica #2 mostra qual o percentual de saída de colaboradores; o ideal é que ela não seja muito alta, mas o que pesa nesse critério é a quantidade total: quanto mais colaboradores tem uma empresa, menor é o peso de um desligamento. A métrica #3 mostra quem são seus principais fornecedores e abre a chance de negociação pelo valor total comprado (quanto maior o lote, maior o poder de negociação). As métricas #4, #5, #6 e #7 dizem respeito à eficiência comercial para captar novos clientes e receber indicações, bem como qualidade de entrega e crescimento. A métrica #8 traz a noção de distorção para o realizado ($) e o declarado (contabilidade).

O êxito traz recursos e novas oportunidades de expansão; o fracasso, oportunidades de aprendizado e evolução. Uma cultura[10] organizacional bem estruturada gera alinhamento e confiança, permitindo expansões em ritmo acelerado.

---

10   Entendida como valores morais e intelectuais difundidos pelas práticas da empresa.

ESTRUTURAL – CONDIÇÕES DE OPERAÇÃO

A estrutura é composta por elementos físicos, tecnológicos e financeiros. Independentemente de se tratar de um produto ou serviço, a estrutura se presta a condicionar o desenvolvimento das atividades empresariais. Atualmente, muitas empresas fazem o movimento de redução de recursos físicos, uma vez que muitos negócios têm como base ativos digitais e, portanto, nem sempre dependem desse aspecto. No início de um empreendimento, nem sempre há recursos para locação de um espaço físico exclusivo para a empresa e seus colaboradores. Sendo assim, é possível recorrer a espaços de *coworking*, ou, ainda, criar um *home office*. É possível estruturar uma *startup* sem um grande nível de investimento. Um dos desafios para esse novo modelo de "empresa intangível" é a adaptação da equipe a uma estrutura descentralizada, muitos profissionais atrelam boa *performance* a uma hierarquia intensiva sobre seu trabalho.

A estrutura de tecnologia corresponde às ferramentas utilizadas pela empresa na produção ou administração; elas podem ser componentes produtivos, ou seja, que guardam relação direta com a produção da solução, ou componentes administrativos, aqueles relativos à gestão financeira, fiscal e organizacional. Com a informatização presente no cotidiano das pessoas, utilizar esses recursos em prol do desenvolvimento empresarial é fundamental para a evolução do negócio. Seja para gerir ou produzir, as tecnologias atuais devem ser utilizadas com sabedoria pelos empreendedores, tornando seus processos ágeis e inteligentes.

A estrutura financeira diz respeito à origem dos recursos inseridos no empreendimento, classificados como próprios ou de terceiros. Com o empreendedorismo em voga, muitas podem ser as origens desses recursos. Algumas fontes utilizadas atualmente pelos empreendedores são *crowdfounding* (financiamento coletivo), investidor anjo (pessoa física da área de negócios), fundos de *venture* capital (fundos que buscam empresas já estabelecidas), financiamentos diretos (via bancos comerciais), fundos de fomento (instituições governamentais) ou mesmo familiares e amigos. Cada uma dessas fontes apresenta prós e contras, expostos de maneira pontual na tabela a seguir:

TABELA 6 – FONTES DE RECURSO FINANCEIRO: PRÓS E CONTRAS

Descrição	Prós	Contras
Crowdfunding	Menor responsabilidade para com os investidores	Incerteza sobre o valor arrecadado
Venture capital	Aumento no nível de governança	Visa a empresas preestabelecidas/menor controle acionário
Financiamentos diretos	Agilidade	Juros altos (Necessidade de histórico)
Fundos de fomento	Fundo perdido/garantia acessível	Burocracia
Familiares e amigos	Baixo custo	Pode comprometer a relação pessoal
Investidor anjo	Agrega *know-how* do investidor/ participação minoritária	Redução da autonomia para a tomada de decisão

HUMANA – ELOS DA REDE DE VALOR

Pessoas são valiosas a qualquer empreendedor, pois são elas que viabilizam negócios. Empreender sozinho não é uma opção real; por menor que seja o nível de dependência, sempre haverá pessoas fazendo negócio com seu empreendimento. As tratativas relacionadas a um empreendimento ocorrem em diversos níveis de relacionamento e cultura; por isso, ter a cabeça livre de preconceitos facilita o entendimento daquilo que é colocado, mesmo quando as opiniões vêm na contramão da sua maneira de enxergar. O grande desafio é entender e articular interesses quando se percebem os infinitos modelos mentais que resultam em diferentes maneiras de observar a proposta de valor.

TABELA 7 – ENXERGANDO O VALOR DAS PESSOAS: UMA PERSPECTIVA INTEGRAL

Forma de valor	Dimensão	Métrica
Tempo	Horas	Por atividade
Disposição	Presença	Por integração
Competências	Ações	Por responsabilidade
Rede	Influência	Por relacionamento

Equipes formadas por pessoas de *perfis diversos* têm maior potencial de geração de valor, independentemente do segmento. Essa diversidade demonstra se a estratégia adotada está sendo efetiva diante da visão de negócio em diversas perspectivas. Ao combinar perfis diferentes, soluções inovadoras podem ser criadas; portanto, conquistar a confiança das pessoas, mesmo que estas tenham uma visão distinta da sua, é tarefa diária do empreendedor que busca o sucesso, uma vez que um simples *insight* de outra perspectiva pode contribuir para o sucesso do projeto.

Por isso, boas relações interpessoais são recursos-chave para aumentar sua chance de êxito; conhecer as pessoas certas pode poupar esforço e tempo, diminuindo a distância entre visão e realização. Preze pelo respeito aos outros, pois é possível aprender com qualquer pessoa. Sua rede social lhe mostrará as pessoas que podem auxiliá-lo no processo de desenvolvimento e execução do seu empreendimento.

> *Empreender é **criar, transmitir e obter valor.***

CRIAÇÃO

Comece determinando o fim, ou seja, a finalidade do seu empreendimento. Qual o problema ou a conveniência oferecidos pelo seu empreendimento? O que ele agrega? O que ele reduz? A finalidade chama a atenção do mercado, e os esforços do empreendedor/empreendimento predeterminam o processo de criação, os componentes criativos e os insumos necessários; além disso, prestam-se a esclarecer a função do empreendimento.

A sintonia fina se dá pela forma de entrega (ou método), que pode ser o grande diferencial de um empreendimento.

Determinar o insumo[11] é a base para prever o início do processo de produção. Tendo isso em vista, o empreendedor reúne condições de buscar fornecedores ou parceiros estratégicos naquele contexto. Um modelo de negócio[12] criado de maneira estratégica torna os recursos financeiros factíveis em razão dos benefícios gerados e reconhecidos, que, quando satisfatórios, produzem vantagens de diferentes naturezas. Quando o público entende a finalidade do empreendimento, seja por meio de um produto, serviço, ação de marketing, seja por outra forma de transmissão, o mercado pode ponderar o valor oferecido e lhe proporcionar um.

Geralmente, escolhemos uma área que nos é familiar para que o tempo de aprendizado seja menor, o que não garante o êxito da empreitada, uma vez

---

11   Elementos essenciais para a produção de determinado produto ou serviço.
12   Conceito do negócio relacionado à oferta de valor aos diferentes públicos.

92 STARTUPS E INOVAÇÃO – DIREITO NO EMPREENDEDORISMO

que entre exercer uma profissão e gerir uma organização existem diferenças gritantes. Caso opte por uma área não muito familiar, faça contato com pessoas já envolvidas naquele contexto e busque material pertinente à identificação do modelo socioeconômico[13]. Dessa forma, é possível mensurar os riscos do empreendimento e a curva de aprendizado para conhecer melhor sua dimensão potencial.

O senso de oportunidade da equipe envolvida deve estar apurado. Para isso é necessário treinar o poder de síntese[14], pois isso criará oportunidades nas mais diversas ocasiões. Ser capaz de sintetizar, de maneira assertiva, um apanhado de informações demonstrando coerência faz a diferença na criação de oportunidades. Muitas vezes os investidores estão onde menos se espera; lembre-se que, a todo momento, existe uma avaliação das pessoas que o cercam sobre aquilo que você expõe.

TRANSMISSÃO

Para transmitir os valores gerados pela empresa ao mercado, é importante observar quais os **pontos de contato** da empresa com os diferentes públicos. Vale observar quais os apelos certos para cada um deles, assegurando a efetividade de cada ação realizada. Além disso, acompanhar as ações lhe dá subsídios para julgar quais são efetivas e quais não são, para, assim, alcançar o sucesso na captação de recursos. Hoje vivemos a era da informação, que possibilita a execução de grandes ações de marketing por meio das mídias digitais, sejam as redes sociais como Facebook, Twitter ou LinkedIn, ou, ainda, seu próprio *website*, gerando conteúdo relevante ao seu mercado e se posicionando como uma referência no segmento em que pretende atuar.

Ao tomarmos consciência de que a publicidade está em cada ato realizado pelos integrantes da empresa, entendemos que não são necessárias grandes campanhas publicitárias para angariar clientes ou outros tipos de investidores. Basta ter um objetivo claro para cada um desses públicos: o que estou agregando para meus clientes, investidores, patrocinadores e parceiros estratégicos? A publicidade está presente em todas as relações criadas e cultivadas pela empresa, e optar por um ou outro veículo de comunicação é apenas parte do processo de publicidade.

---

13   Qualquer prática que relaciona um aspecto que afeta tanto a ordem econômica como social.
14   Método, processo ou operação que consiste em reunir elementos diferentes, concretos ou abstratos, e fundi-los num todo coerente.

A transmissão de valor também se dá no momento da negociação, momento esse que envolve interesses de duas ou mais partes que buscam um acordo benéfico. Conhecer seu cliente para entender quais as motivações e a real condição financeira em que ele está facilita esse processo. Todo cliente quer desconto; o ponto fundamental é demonstrar que o valor proposto agrega mais do que ele está desembolsando. Isso serve também para cliente, investidor, patrocinador ou parceiro.

Além disso, o suporte oferecido a cada um dos interessados em seu projeto pode garantir parcerias de longo prazo, além de um alto nível de satisfação, o que resulta em um *marketing* espontâneo e em um bom posicionamento. O suporte deve prezar pelo pleno entendimento do envolvido sobre aquilo que lhe foi proposto e realizado, com isso, evitam-se ruídos de comunicação e a sensação de desamparo por parte de algum dos *players*.

OBTENÇÃO

Obter valor não significa apenas faturar alto, não diz respeito apenas a recursos financeiros. Enxergar a obtenção de valor como arrecadação de dinheiro cega muitos empreendedores, pois se esquecem de outras formas de valor, como *networking*, parcerias e publicidade. Por isso, uma visão simplista e limitada prejudica o desenvolvimento do seu empreendimento.

Um valor que pode ser obtido quando se tem uma ideia clara sobre seu empreendimento diz respeito ao voluntariado de pessoas próximas a você, principalmente, aquelas que não têm uma ocupação no momento atual. É fundamental transparência para que essas pessoas compreendam o estágio do seu empreendimento, quais os próximos passos ou, ainda, a forma como podem colaborar para o progresso. Com isso, você amplia sua perspectiva e passa a contar com outras competências dentro da sua organização.

Outro valor que poderá lhe render bons frutos são parcerias com empresas já estabelecidas e que podem ajudá-lo a construir, ou entregar, o valor que sua empresa propõe. Para isso, é necessário haver clareza sobre os benefícios da parceria para ambas as partes. Muitas ações, desde a impressão de material gráfico até a participação efetiva na produção de uma solução, podem estar englobadas nessas parcerias.

Além das parcerias, o patrocínio é uma forma de obtenção de valor muito interessante. No patrocínio, você pede determinado recurso (financeiro, físico ou tecnológico) em troca da exposição da marca nos diversos meios de comunicação utilizados pelo seu empreendimento. Nesse formato, sua contrapartida tem de ficar muito clara. Por exemplo, quanto foi obtido com mídia espontânea englobando a marca do seu patrocinador? Quantas vendas indiretas foram geradas em função da exposição? Patrocínios são boas oportunidades para que empresas atrelem suas marcas com o objetivo de se posicionar em um mercado no qual não têm muita visibilidade ou para o qual pretendem expandir. Aqui, os valores contribuem para uma identificação do patrocinador com o patrocinado.

Outro valor interessante pode ser obtido pelas mídias espontâneas. Esse tipo de visibilidade geralmente é feito em parceria com portais de informação ou meios de comunicação já consolidados, como jornais, revistas e emissoras de televisão. Para que isso ocorra de maneira natural, é importante que seja produzido conteúdo relevante para tal, ou que seu empreendimento esteja inserido em um contexto que desperte o interesse do público daquele meio de comunicação. Ter notícias veiculadas por meios de comunicação tradicionais contribui para o aumento da notoriedade do seu negócio.

Por fim, mas não menos importante, a forma tradicional de obtenção de valor: as vendas. São elas que trazem a sustentabilidade a qualquer empresa. O setor comercial pode ser utilizado como uma área de inteligência, pois ele está em contato direto com o potencial mercado e, por isso, traz informações "quentes" relativas a eficiência da forma de abordagem, percepção de valor, posicionamento da concorrência, entre outros aspectos relevantes ao bom desempenho da empresa. Por isso, é fundamental que os executivos de venda estejam com o discurso alinhado e saibam quais as reais possibilidades de entrega que seu empreendimento tem. Alguns tipos de empresa têm como cultura a venda passiva (por exemplo, restaurantes). Porém, a proposta de valor deve estar em evidência para que a decisão de compra dos consumidores pondere a oferta realizada. Outro ponto importante é a forma de acesso àquilo que foi vendido. Trata-se de um produto físico? O cliente precisa retirar em algum lugar? Recebe em casa? Reflexões sobre o conteúdo (o que está sendo comprado/vendido) e a forma de acesso (como se dá a entrega) são necessárias para evitar frustrações em seu público.

TANGÍVEL *VERSUS* INTANGÍVEL

Dentro das percepções sobre o mundo empreendedor, é possível afirmar que qualquer empresa é formada por pessoas e processos. Em uma visão objetiva, é possível dividir recursos em tangíveis e intangíveis; mesmo com essa divisão, cada recurso tangível guarda relação com recursos intangíveis, e vice-versa. Ao pensarmos nas pessoas, por exemplo: até que ponto é possível considerar uma pessoa como recurso tangível dentro de um empreendi-

CAPÍTULO 6 – RECURSOS PARA EMPREENDER **95**

mento? Vale reconhecer que pessoas trazem em si recursos como seu intelecto, sua criatividade, seus valores morais, perspectiva, competências, *networking*, liderança etc. Da mesma forma, recursos relacionados à estrutura que são tangíveis (*modem* para acesso à rede de internet, por exemplo) trazem aspectos intangíveis que contribuem para o desenvolvimento das operações, como a forma de processamento de dados, a sistemática adotada, a lógica, o *design*, a transmissão, entre outros. Por isso, perceber que qualquer recurso tangível guarda relação com um recurso intangível melhora a compreensão de relações de causa e efeito e, consequentemente, sobre o comportamento da empresa diante de seu mercado.

Tangíveis	Intangíveis
Humanos	Intelecto, criatividade, valores, visão, competências, *networking*, liderança
Estruturais	Processamento, sistemática, lógica, design, acessibilidade, transmissão, localização
Finalidade (atividade-fim)	Satisfações, interesses, percepções, informações, necessidades, marca

As pessoas e a estrutura, organizadas, deverão entregar a atividade-fim proposta pela empresa. O meio e sua efetividade impactam diretamente a percepção de valor do mercado em relação ao projeto. Daí a importância de pensar em formas de monetização, como o processo de venda. Ao repararmos as relações entre o tangível e o intangível, passamos a reconhecer oportunidades. Em um exemplo rotineiro, compro um sanduíche (tangível) para acabar com a minha fome (intangível), ou, ainda, compro um ingresso de *show* (tangível) para ouvir a música (intangível) de minha banda favorita. Essas relações estão em nossa rotina e, com isso, a publicidade reforça o sentimento de necessidade, influenciando os valores percebidos no processo de decisão de compra. Adotar valores próprios permite o aumento da autonomia diante desses apelos.

CAPÍTULO 7

Nova Lei Geral de Proteção de Dados e os impactos gerados ao empreendedor brasileiro

Keila dos Santos

A NECESSIDADE DE ADAPTAÇÃO DO EMPREENDEDOR AO LONGO DA HISTÓRIA

Ao longo da história, por diversas vezes o empreendedor precisou se adaptar às novas realidades sociais, econômicas, tecnológicas, políticas e legislativas para manter o seu negócio. Desde a primeira Revolução Industrial até a atual, a chamada Indústria 4.0, o mercado de consumo tem se modificado. A cada revolução surgem novos mecanismos de produção de produtos e serviços, com consequentes adaptações legislativas para regulação social. Veremos a seguir as principais características de cada Revolução[1] ocorrida na história.

A primeira Revolução Industrial (meados de 1760 até 1840) foi marcada pela invenção das máquinas movidas a vapor. Essa invenção, o aproveitamento da energia calorífica do carvão mineral e sua transformação em energia mecânica para fazer funcionar as máquinas representaram um grande avanço nas técnicas empregadas para a fabricação de mercadorias e, consequentemente, no aumento da produção. A segunda Revolução Industrial, ocorrida no período pós-guerra, foi marcada pela introdução de novas técnicas nos ramos metalúrgico, siderúrgico e químico, que foram os novos ascendentes da indústria, bem como a produção em série (Fordismo) e a separação do trabalho manual e intelectual (Taylorismo). Já na terceira Revolução Industrial, a partir da década de 1970, o grande marco foi a demanda por tecnologia e mão de obra especializada, com a utilização de sistemas computadorizados,

---

1   *Revista Científica Multidisciplinar Núcleo do Conhecimento* – NC 11314. Disponível em: <www.nucleodoconhecimento.com.br>. Acesso em: 25 jun. 2019.

biotecnologia, microeletrônica e informática como pilares da produção. Finalmente, desencadeada pela internet e com a combinação de diversas tendências tecnológicas, surgiu, no início do século XXI, a quarta Revolução Industrial, também chamada de Revolução 4.0 ou ainda de Indústria 4.0.

Para Mafalda Martins[2], a Indústria 4.0 procura descrever a combinação de diversas tendências tecnológicas (inteligência artificial, sensores sofisticados e internet das coisas) que unem o mundo virtual e o mundo físico, surgidas nos últimos anos e que, combinadas, espera-se que transformem totalmente o modo como conhecemos o setor da indústria atualmente.

Certamente a união da internet das coisas com a rápida automatização está desenhando um novo cenário na indústria, no comércio e nos novos negócios. A indústria 4.0, ou manufatura avançada, deve revolucionar as linhas de montagem e gerar produtos inovadores e customizados em um futuro próximo[3].

Contudo, a combinação dessas tendências tecnológicas tem sido mapeada a partir de dados pessoais dos indivíduos com o intuito de traçar perfil de consumo. Isso porque a utilização desenfreada da internet facilitou o acesso, a utilização, o repasse e a venda de dados pessoais de maneira extremamente rápida, como nunca visto, sem, contudo, ter a anuência dos titulares dos dados. Vejamos um exemplo prático da utilização da internet para pesquisa de compra *versus* pesquisa de preços fisicamente: Joana tem um filho chamado João e ele quer uma bola da marca A. Ambos vão ao centro comercial da cidade para pesquisar os preços e, insatisfeitos, voltam para casa sem a bola. Diferentemente, quando Joana faz pesquisa de preços pela internet, após alguns minutos surgem inúmeras propagandas das bolas que seu filho almejava, sem, contudo, solicitar tais propagandas.

Nesse contexto, é de se observar que a manipulação de informação das pessoas se tornou uma das atividades econômicas mais lucrativas da atualidade. Com o Big Data se consolidando como uma realidade, ganha destaque, portanto, a necessidade de se ter um enfoque especial à questão dos dados, propondo-se que eles sejam considerados como ponto de referência[4]. Logo,

---

2   MARTINS, Mafalda. A Indústria 4.0. *Flow*, 5 ago. 2016. Disponível em: http://flowtech.pt/pt/blog/impacto-industria-4-0-manufatura/. Acesso em: 25 jun.2019.

3   Estúdio ABC, Siemens. Como será o profissional da indústria 4.0? *Exame*, 3 jun. 2016. Disponível em: <https://exame.abril.com.br/tecnologia/como-sera-o-profissional-da-industria-4-0/>. Acesso em: 25 jun. 2019.

4   Data documentation initiative, 2004; University College London, 2012; Humprey, 2006; Pennock, 2007; Ferderer, 2001; Interagency Working Group On Digital Data, 2009; Vanderbilt University Medical Center, 2005; Data Observation Network for Earth, 2013; Material Data Management Consortium, 2013; Digital Curation Center, 2013; Chen; Chen; Lin, 2003; Sant'Ana, 2013.

o direito à autodeterminação informativa defendido por muitos juristas pode ser compreendido com o direito dos indivíduos de controlar seus dados pessoais.

Preocupada com a questão, a Europa é a comunidade pioneira na proteção de dados pessoais de seus cidadãos, tendo buscado uma efetiva tutela dessas informações ainda na década de 1970. A atenta comunidade europeia deu o mais importante passo rumo a uma regulamentação, pelos Estados-membros, dos bancos de dados pessoais por meio da Resolução n. 42.820, da Assembleia Consultiva do Conselho da Europa.

A mencionada Resolução vedou o acúmulo de informações sobre determinado indivíduo, razão pela qual, nos seus termos, os governos deveriam armazenar apenas o mínimo necessário de informações pessoais para fins da prestação dos serviços públicos a que destinadas as captações, fossem estes serviços de tributação, de regimes de pensões, de segurança social ou de assuntos semelhantes.

Essa Resolução foi um marco para o tema, visto que o princípio do mínimo necessário de informações pessoais é base para muitos outros regramentos. Ela também abriu mais discussões, sobretudo, com a chegada de novas fontes de guarda e tratamento de dados desenvolvidos pelo sistema computacional, fundamentos para a *General Data Protection Regulation –* GDPR, legislação de proteção de dados que entrou em vigor em 25 de maio de 2018 e serviu como inspiração para a Lei Geral de Proteção de Dados Pessoais – LGPD, que tem previsão de entrada em vigor em agosto de 2020. Afinal, o que muda para os empreendedores brasileiros com a vigência da nova lei?

O QUE O EMPREENDEDOR BRASILEIRO DEVE SABER SOBRE A NOVA LEI GERAL DE PROTEÇÃO DE DADOS PESSOAIS – LEI N. 13.709/2018

Mais uma vez, o empreendedor de sucesso precisa se adaptar às novas mudanças legislativas, sobretudo com a entrada em vigor da Lei n. 13.709/2018 – Lei Geral de Proteção de Dados Pessoais, que tem por objetivo proteger os direitos fundamentais de liberdade e de privacidade e o livre desenvolvimento da personalidade da pessoa natural, com base nestes fundamentos: I – respeito à privacidade; II – a autodeterminação informativa; III – a liberdade de expressão, de informação, de comunicação e de opinião; IV – a inviolabilidade da intimidade, da honra e da imagem; V – o desenvolvimento econômico e tecnológico e a inovação; VI – a livre iniciativa, a livre

CAPÍTULO 7 – NOVA LEI GERAL DE PROTEÇÃO DE DADOS 99

concorrência e a defesa do consumidor; e VII – os direitos humanos, o livre desenvolvimento da personalidade, a dignidade e o exercício da cidadania pelas pessoas naturais.

Durante toda a redação legislativa, é possível perceber a preocupação do legislador em devolver ao titular dos dados a possibilidade de decidir acessar os seus dados pessoais a qualquer tempo e garantir que as atividades de tratamento de dados pessoais sejam feitas com a observância da boa-fé e dos seguintes princípios:

I – finalidade: realização do tratamento para propósitos legítimos, específicos, explícitos e informados ao titular, sem possibilidade de tratamento posterior de forma incompatível com essas finalidades;

II – adequação: compatibilidade do tratamento com as finalidades informadas ao titular, de acordo com o contexto do tratamento;

III – necessidade: limitação do tratamento ao mínimo necessário para a realização de suas finalidades, com abrangência dos dados pertinentes, proporcionais e não excessivos em relação às finalidades do tratamento de dados;

IV – livre acesso: garantia, aos titulares, de consulta facilitada e gratuita sobre a forma e a duração do tratamento, bem como sobre a integralidade de seus dados pessoais;

V – qualidade dos dados: garantia, aos titulares, de exatidão, clareza, relevância e atualização dos dados, de acordo com a necessidade e para o cumprimento da finalidade de seu tratamento;

VI – transparência: garantia, aos titulares, de informações claras, precisas e facilmente acessíveis sobre a realização do tratamento e os respectivos agentes de tratamento, observados os segredos comercial e industrial;

VII – segurança: utilização de medidas técnicas e administrativas aptas a proteger os dados pessoais de acessos não autorizados e de situações acidentais ou ilícitas de destruição, perda, alteração, comunicação ou difusão;

VIII – prevenção: adoção de medidas para prevenir a ocorrência de danos em virtude do tratamento de dados pessoais;

IX – não discriminação: impossibilidade de realização do tratamento para fins discriminatórios ilícitos ou abusivos;

X – responsabilização e prestação de contas: demonstração, pelo agente, da adoção de medidas eficazes e capazes de comprovar a observância e o cumprimento das normas de proteção de dados pessoais e, inclusive, da eficácia dessas medidas.

Os princípios ensejadores da Lei deverão ser observados durante todo o ciclo de vida dos dados: coleta, armazenamento, recuperação e descarte. Durante o processo de quatro fases, há fatores que estão presentes em todas elas. São eles: privacidade, integração, qualidade, direitos autorais, disseminação e preservação, conforme abaixo[5]:

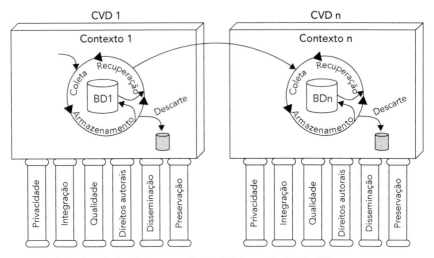

Figura 1 Ciclo de vida dos dados para ciência da informação (CVD – CI).
Fonte: Adaptado de Sant'Ana (2013).

Dessa forma, podemos constatar que durante as fases de coleta, armazenamento, recuperação e descarte, os fatores que estão presentes e deverão ser respeitados são: privacidade, integração, qualidade, direitos autorais, disseminação e preservação[5].

Superado esse panorama geral sobre o ciclo de vida dos dados, é importante considerar que a Lei apresentou algumas definições, que consideramos as mais importantes:

I – dado pessoal: informação relacionada a pessoa natural identificada ou identificável;

II – dado pessoal sensível: dado pessoal sobre origem racial ou étnica, convicção religiosa, opinião política, filiação a sindicato ou a organização de caráter religioso, filosófico ou político, dado referente à saúde ou à vida sexual, dado genético ou biométrico, quando vinculado a uma pessoa natural;

---

5   SANT'ANA, Ricardo Cesar Gonçalves. Ciclo de vida dos dados: uma perspectiva a partir da ciência da informação. *Informação & Informação*, v. 21, n. 2, 2016. p. 116-142.

CAPÍTULO 7 – NOVA LEI GERAL DE PROTEÇÃO DE DADOS 101

III – dado anonimizado: dado relativo a titular que não possa ser identificado, considerando a utilização de meios técnicos razoáveis e disponíveis na ocasião de seu tratamento;

IV – banco de dados: conjunto estruturado de dados pessoais, estabelecido em um ou em vários locais, em suporte eletrônico ou físico;

V – titular: pessoa natural a quem se referem os dados pessoais que são objeto de tratamento;

VI – controlador: pessoa natural ou jurídica, de direito público ou privado, a quem competem as decisões referentes ao tratamento de dados pessoais;

VII – operador: pessoa natural ou jurídica, de direito público ou privado, que realiza o tratamento de dados pessoais em nome do controlador;

VIII – encarregado: pessoa indicada pelo controlador para atuar como canal de comunicação entre o controlador, os titulares dos dados e a Autoridade Nacional de Proteção de Dados (redação dada pela Lei n. 13.853, de 2019);

IX – agentes de tratamento: o controlador e o operador;

X – tratamento: toda operação realizada com dados pessoais, como as que se referem a coleta, produção, recepção, classificação, utilização, acesso, reprodução, transmissão, distribuição, processamento, arquivamento, armazenamento, eliminação, avaliação ou controle da informação, modificação, comunicação, transferência, difusão ou extração;

É preciso conhecer as definições acima para que o empreendedor possa verificar quem são os autores do ciclo de vida dos dados do seu negócio, tomar as providências adequadas à lei e garantir ao titular a determinação sobre os seus dados. O direito à autodeterminação informativa visa democratizar a gestão do fluxo de informação e gerar a possibilidade de o titular da informação tomar a decisão sobre manter ou apagar os seus dados pessoais, visto que vivemos um período de acumulação de informações como nunca visto antes. Em decorrência da acumulação desenfreada de informações, tornou-se recorrente a violação da privacidade/intimidade com informações pessoais descobertas, armazenadas e compartilhadas sem o consentimento de seu titular ou até mesmo de forma ilegal.

Observemos o que muda, na prática, para o empreendedor brasileiro:

A. Quem deve se adequar à legislação?

O art. 3º da Lei elenca taxativamente a quem se aplica a nova Lei Geral de Proteção de Dados, destinada a qualquer operação de tratamento realizada por pessoa natural ou por pessoa jurídica de direito público ou privado, independentemente do meio (digital ou físico), do

102 *STARTUPS* E INOVAÇÃO – DIREITO NO EMPREENDEDORISMO

país de sua sede ou do país onde estejam localizados os dados, desde que: I – a operação de tratamento seja realizada no território nacional; II – a atividade de tratamento tenha por objetivo a oferta ou o fornecimento de bens ou serviços ou o tratamento de dados de indivíduos localizados no território nacional; ou III – os dados pessoais objeto do tratamento tenham sido coletados no território nacional.

Contudo, não haverá a aplicação legal quando: I – realizado por pessoa natural para fins exclusivamente particulares e não econômicos; II – realizado para fins exclusivamente: *a*) jornalístico e artísticos; ou *b*) acadêmicos; III – realizado para fins exclusivos de: *a*) segurança pública; *b*) defesa nacional; *c*) segurança do Estado; ou *d*) atividades de investigação e repressão de infrações penais.

B. Com a entrada em vigor da nova legislação, posso fazer o tratamento de dados?

A nova legislação não proíbe o tratamento de dados, desde que o titular destes autorize de maneira livre, informada, inequívoca, expressa e com a finalidade específica e determinada, com a observância de alguns requisitos, quais sejam: I – mediante o fornecimento de consentimento pelo titular; II – para o cumprimento de obrigação legal ou regulatória pelo controlador; III – pela administração pública, para o tratamento e uso compartilhado de dados necessários à execução de políticas públicas previstas em leis e regulamentos ou respaldadas em contratos, convênios ou instrumentos congêneres, observadas as disposições do Capítulo IV desta Lei; IV – para a realização de estudos por órgão de pesquisa, garantida, sempre que possível, a anonimização dos dados pessoais; V – quando necessário para a execução de contrato ou de procedimentos preliminares relacionados a contrato do qual seja parte o titular, a pedido do titular dos dados; VI – para o exercício regular de direitos em processo judicial, administrativo ou arbitral, esse último nos termos da Lei n. 9.307, de 23 de setembro de 1996 (Lei de Arbitragem); VII – para a proteção da vida ou da incolumidade física do titular ou de terceiro; VIII – para a tutela da saúde, em procedimento realizado por profissionais da área da saúde ou por entidades sanitárias; IX – quando necessário para atender aos interesses legítimos do controlador ou de terceiro, exceto no caso de prevalecerem direitos e liberdades fundamentais do titular que exijam a proteção dos dados pessoais; ou X – para a proteção do crédito, inclusive quanto ao disposto na legislação pertinente.

CAPÍTULO 7 – NOVA LEI GERAL DE PROTEÇÃO DE DADOS 103

C. Quais são as penalidades para os infratores?

Caso seja constatada alguma infração dos agentes de tratamento de dados de maneira irregular, ficarão sujeitos às seguintes sanções administrativas aplicáveis pela autoridade nacional: I – advertência, com indicação de prazo para adoção de medidas corretivas; II – multa simples, de até 2% (dois por cento) do faturamento da pessoa jurídica de direito privado, grupo ou conglomerado no Brasil no seu último exercício, excluídos os tributos, limitada, no total, a R$ 50.000.000,00 (cinquenta milhões de reais) por infração; III – multa diária, observado o limite total a que se refere o inciso II; IV – publicização da infração após devidamente apurada e confirmada a sua ocorrência; V – bloqueio dos dados pessoais a que se refere a infração até a sua regularização; VI – eliminação dos dados pessoais a que se refere a infração.

Portanto, para que os empreendedores não recaiam em ilegalidades e em punição com multas que poderão fechar o negócio, em decorrência do elevado valor, a melhor maneira é a prevenção. Prevenir incidentes com a instituição de um regime de proteção de dados, composto por: diagnóstico do cenário da empresa, análise dos resultados, programa de *compliance*, adequação dos contratos, termos de uso e políticas de privacidade em consonância com a nova legislação, a fim de garantir segurança aos titulares dos dados.

CAPÍTULO 8

Startups no âmbito penal

Thayná Fiori Gonzaga

Entre os tantos cuidados que as *startups* devem tomar ao se lançar e se manter no mercado econômico, deve-se levar em conta um risco que nem sempre é tão discutido, mas que pode atingi-las diretamente: os crimes cometidos no ambiente de empresas podem ser fonte de imensos prejuízos.

Sabe-se que na esfera criminal, via de regra, pessoas jurídicas não podem ser penalizadas, com exceção dos crimes ambientais. Mas como ficaria uma empresa que está iniciando no mercado diante de qualquer investigação em relação aos seus funcionários? Como a credibilidade e a imagem desta poderiam ser afetadas? Quais crimes devem estar no foco de atenção das empresas para que estas não sejam atingidas e também não venham a cometê-los?

É evidente que o simples ato de ter uma investigação aberta em relação a funcionários, gestores ou sócios prejudica de maneira direta a imagem de uma empresa e sua reputação. Assim, é necessário estar ciente sobre quais crimes são os mais frequentes no âmbito empresarial, podendo ser divididos da seguinte forma: crimes contra a ordem tributária, crimes contra as relações de consumo, crimes contra a ordem econômica, crimes contra a propriedade intelectual, crimes de concorrência desleal, crimes de lavagem de dinheiro, crimes de apropriação indébita, crimes de contrabando, crimes de descaminho, crimes contra o sistema financeiro nacional, crimes contra a economia popular, crimes contra o mercado de capitais, crimes falimentares, crimes licitatórios, crimes ambientais e crimes informáticos.

Muitos desses tipos penais possuem legislação própria, além de alguns estarem presentes no próprio Código Penal. Algumas das principais condutas delitivas serão analisadas a seguir.

CRIMES CONTRA A ORDEM TRIBUTÁRIA

Correntemente ouvimos falar que uma empresa foi autuada por ter sonegado tributo, seja por não emitir nota fiscal, seja por utilizar *software* adulterado que sonega imposto, ou até casos de lojas *on-line* que terceirizam o serviço de importação para evitar pagar tributo, entre tantos outros.

Só em 2018 a Receita Federal chegou a autuar R$ 186,87 bilhões em tributos sonegados[1]. Isso se deve ao aumento de investimento na capacitação dos servidores e no uso de ferramentas tecnológicas como aliadas nos processos de auditoria.

Logo, é evidente que as *startups* inseridas no mercado econômico brasileiro devem estar de acordo com as questões tributárias, caso contrário essas condutas poderão se configurar como criminosas e necessitar de análise.

Os crimes contra a ordem tributária basicamente envolvem ações ou omissões dos contribuintes que têm como intuito reduzir ou suprimir o pagamento dos tributos, sendo mais conhecidas como "fraude" ou "sonegação fiscal". Esse tipo delitivo é previsto em lei própria (Lei n. 8.137/90), que apresenta um rol de condutas configuradas como tipos penais fraudulentos.

Atos como omitir informações ou prestar informações falsas às autoridades fazendárias, falsificar ou alterar nota fiscal com valores ou créditos falsos, deixar de fornecer nota fiscal ou documento equivalente de operações como as de compra e venda, fornecer declarações falsas, entre tantos outros, são considerados ilegais no art. 1º da Lei n. 8.137/90 e são passíveis de punição com pena de reclusão de dois a cinco anos e multa.

Em relação às condutas previstas no art. 2º da lei, estas tratam de ações como deixar de recolher tributo no prazo legal, aplicar incentivo fiscal em desacordo com o previsto em lei, fazer declaração falsa sobre fatos para eximir pagamento de tributo, entre outras. Quem incorre no rol dessas condutas poderá ser punido com uma pena mais branda que a do art. 1º, sendo ela de seis meses a dois anos de detenção e multa.

A grande questão é: é possível ir preso por cometer uma dessas condutas? Via de regra não. Isso porque a pena máxima dos crimes previstos é de cinco anos, sendo aplicado o regime aberto ou semiaberto. Ainda, quando se tem a condenação da pessoa, pode haver substituição da pena privativa de liber-

---

1 *Pequenas Empresas & Grandes Negócios*, 6 maio 2019. Disponível em: <https://revistapegn.globo. com/Noticias/noticia/2019/05/em-2018-receita-autuou-r-18687-bilhoes-em-tributos-sonegados. html>. Acesso em: 13 set. 2019.

dade pela restritiva de direitos. Nesses casos, as penas alternativas podem ser, por exemplo, prestar serviços comunitários.

Vale ressaltar que, antes de o processo penal ocorrer, tem-se o procedimento administrativo feito pelo auditor fiscal, que vai notificar sobre o lançamento do crédito para pagar ou parcelar o débito, ou, ainda, é ofertado o momento de defesa administrativa para discutir acerca da exigibilidade ou dos valores do crédito.

Nesse momento o contribuinte pode ser beneficiado pela extinção da punibilidade a partir do pagamento do débito, sendo o inquérito fiscal arquivado e a ação penal sequer é iniciada. Caso opte pelo parcelamento ou pelo oferecimento de defesa na esfera administrativa, a punibilidade fica suspensa até o término do pagamento ou até a decisão administrativa final, respectivamente.

CRIMES CONTRA AS RELAÇÕES DE CONSUMO E CONTRA A ORDEM ECONÔMICA

Crimes contra as relações de consumo

As *startups* também devem ficar atentas a como irão manter e cultivar a relação com seus consumidores, pois a legislação brasileira possui um grande enfoque na proteção destes, já que são considerados vulneráveis. Foram previstas normas em diversas leis (Código de Defesa do Consumidor, Lei n. 8.137/90, Código Penal, entre outras) com o intuito de garantir que os fornecedores de produtos e serviços desenvolvam as melhores formas de viabilização destes, a fim de satisfazer o bem comum e não agir com abuso de poder econômico.

Condutas como omitir sinais e informações a respeito da periculosidade de algum produto/serviço ou omitir comunicação às autoridades e aos consumidores a respeito da nocividade de um produto que já esteja em circulação no mercado e cuja ciência disso veio posteriormente, bem como deixar de retirá-lo do mercado quando determinado por autoridade competente, são consideradas ilícitas. Nesse sentido, entra a importância do *recall* solicitado por empresas de automóveis, por exemplo, quando algum defeito é verificado, pois este bem pode ser extremamente nocivo à saúde, integridade corporal e até mesmo colocar em risco a vida dos consumidores. Esse tipo de ato pode vir a ser penalizado com detenção de seis meses a dois anos e multa.

Ainda, divulgar afirmações falsas ou enganosas a respeito de natureza, características, qualidade, durabilidade, desempenho, preço ou até mesmo garantia dos produtos e serviços também são atos que prejudicam os consumidores e são punidos. É comum vermos propagandas que apresentam valores ou condições atrativos que são alterados no ato da compra, o que não está de acordo com o princípio da informação e da transparência que deve pautar as relações de consumo; por isso, essas condutas são punidas com pena de um a seis meses de detenção ou multa. Ademais, tal conduta pode ser configurada como tipo penal do art. 7º da Lei n. 8.137/90, o que faz com que a pena possa chegar a até cinco anos de detenção.

O ato de utilizar, em cobrança de dívidas, ameaça, constrangimento físico ou moral ou ainda afirmações falsas/enganosas que venham expor o consumidor a ridículo ou interfiram em seu trabalho, descanso ou lazer também é punido com pena de detenção de três meses a um ano e multa. Vários são os casos de constrangimento desse tipo aos consumidores, por exemplo quando têm seu nome incluído em cadastro de proteção de crédito quando a dívida ainda está em objeto de discussão em juízo. Quando cometem atos desse gênero, as empresas, em geral, são obrigadas a indenizar os consumidores pelos danos morais sofridos. Devido a isso, é importante que as empresas estejam atentas para não realizar cobranças de maneira abusiva e constrangedora, a fim de evitar problemas futuros.

Além disso, vender mercadoria falsificada ou deteriorada como se verdadeira ou perfeita fosse é conduta tipificada, sendo condenada com pena de seis meses a dois anos ou multa. A venda de produtos em condições impróprias para consumo, bem como o ato de destruir ou danificar matéria-prima a fim de provocar alta de preço em proveito próprio ou alheio, são condutas penalizadas com detenção de dois a cinco anos ou multa. Observa-se que algumas dessas condutas influenciam e prejudicam não somente os consumidores, mas a ordem econômica como um todo.

Crimes contra a ordem econômica

Nesse deslinde, adentramos nos crimes contra a ordem econômica, que são determinados no art. 4º da Lei n. 8.137/90. Esse artigo descreve uma série de condutas, como abusar do poder econômico a fim de dominar o mercado ou até mesmo eliminar a concorrência por meio de acordo entre empresas.

Ainda, realizar acordos ou alianças entre ofertantes visando a fixação artificial de preços ou quantidades produzidas, o controle regional do mercado por um grupo de empresas ou até mesmo o controle de rede de distribuição ou de fornecedores em detrimento da concorrência, é ato punível com pena de reclusão de dois a cinco anos e multa.

Notícias sobre cartéis são vistas na história do nosso país, há anos, e envolvem cartéis de cimento, de oxigênio, a famosa Lava-Jato e os frequentes monopólios de postos de combustíveis, em que as empresas concorrentes ajustam o preço do combustível entre si.

As ações aqui tipificadas visam proteger principalmente o princípio da ordem econômica (a livre-iniciativa e a livre concorrência), além do mercado econômico como um todo e, consequentemente, o consumidor que é diretamente afetado no final do processo. Nesse sentido, é importante averiguar os crimes contra a propriedade intelectual e a concorrência desleal.

CRIMES CONTRA A PROPRIEDADE INTELECTUAL E CONCORRÊNCIA DESLEAL

Sabe-se que as *startups* nascem da criação de um modelo de negócio, sendo este composto também por bens imateriais, como produções do intelecto (obras literárias, científicas, artísticas), invenções, marcas, patentes, entre outros, que representam tanto o direito autoral como a propriedade industrial. Por possuir expressivo valor econômico para as empresas, esses bens incorpóreos são protegidos pela lei, havendo uma série de ações penalizadas para punir atos que prejudiquem tais direitos.

Direito autoral

Nesse âmbito, as condutas penais que violam o direito autoral são previstas no Código Penal, em seu art. 184, no qual atos como reproduzir sem autorização um livro por fotocópias, comercializar cópias de obras originais sem a permissão do autor (que consiste na famosa "pirataria"), assinar ou reproduzir obra alheia como se sua fosse (também conhecido como "plágio"), entre outros, são tipificados penalmente. A pena para esses crimes pode chegar a até quatro anos de reclusão e multa.

Propriedade industrial

Já as condutas que violam a propriedade industrial estão previstas na Lei n. 9279/96 em seu Título V. Nesse caso, a produção ou cópia de algo já existente e registrado por meio de patente, desenho industrial ou marca, sem a autorização do titular, configura crime.

Além disso, o ato de vender, exportar ou importar produto fabricado com violação a propriedade industrial alheia e ainda inserir informação falsa acerca da procedência de um produto também é considerado crime. As penas previstas variam de um a três meses ou multa. Nos casos mais graves, podem variar de três meses a um ano ou multa, podendo ser aumentada caso o autor da conduta seja representante, sócio ou empregado do titular do registro.

Verifica-se que a grande preocupação é impedir que condutas desleais sejam praticadas entre empresas concorrentes a fim de induzir os consumidores a erro e confusão, deturpando ou desviando seu comportamento. O que se quer é proteger os direitos para que os princípios da livre concorrência sejam observados e para que não haja concorrência desleal, que será tratada a seguir.

Concorrência desleal

A mesma lei que trata da propriedade industrial prevê, em seu art. 195, o crime de concorrência desleal. Basicamente, são proibidos atos que: denigram o concorrente, por exemplo, por meio de uma propaganda; desviem a clientela, por meio da imitação de um produto, nome ou sinal; permitam a obtenção de vantagem em decorrência de divulgação de falsa informação; ou quando se utilizem sinais de propaganda que causem confusão entre produtos ou estabelecimentos.

Também ao divulgar informações ou dados confidenciais de empresa a que teve acesso por relação contratual ou empregatícia verifica-se o crime de concorrência desleal, ficando clara a importância da elaboração do termo de confidencialidade entre a empresa e seus funcionários/parceiros. Além disso, aliciar empregado de empresa concorrente para que prejudique seu local de trabalho também está no rol desses crimes. A pena para essas condutas é de detenção de três meses a um ano ou multa.

As *startups* devem zelar pela imagem e pela reputação de suas empresas perante o mercado, adotando uma política firme de combate e proteção contra os crimes que violam a propriedade industrial e os crimes de concorrência desleal. Deve-se estar atento para não incorrer em tais condutas e, principalmente, para a possibilidade de algum concorrente vir a cometer atos desleais, já que a empresa prejudicada deve proceder com a queixa-crime para que a ação penal se inicie. Esta deve ser realizada dentro do prazo de seis meses contados da data em que o autor do crime for identificado.

CRIMES DE LAVAGEM DE DINHEIRO

O crime de lavagem de dinheiro é bem conhecido e tipifica como infração penal o conjunto de operações comerciais ou financeiras que buscam a incorporação na economia do país, de modo transitório ou permanente, de recursos, bens e valores de origem ilícita. Atos como ocultar ou dissimular a natureza ou origem de bens ou valores provenientes de forma direta ou indireta de infração penal, não somente os convertendo em ativos lícitos, mas também adquirindo-os e movimentando-os, configuram esse crime, com pena prevista de três a dez anos de reclusão e multa.

É importante atentar a tal prática delitiva, pois é muito comum que as *startups* deem seu pontapé inicial por meio de investidor anjo. Por vezes, as empresas que buscam negócios inovadores dentro do mercado para investir não possuem uma relação pessoal prévia com os sócios que trabalharam na ideia e no modelo de negócio, e, consequentemente, as chances de não se conhecer a origem do dinheiro ali investido são grandes.

Ressalta-se também que as *startups* estão inseridas no contexto da lei anticorrupção, sendo de suma importância implantarem programas de governança corporativa e de *compliance*, a fim de evitar ou ao menos demonstrar que buscou evitar que atos praticados por seus dirigentes, gestores ou funcionários incorressem na prática da lavagem de dinheiro e outras fraudes.

Associação criminosa ou organização criminosa

Diante da breve análise de alguns dos crimes aos quais as *startups* devem estar atentas, observamos que tais atos podem atingir a empresa, por meio de ações de seus sócios ou funcionários, também na esfera penal. Via de regra as penas para esses crimes não são tão altas. Contudo, o grande receio está no fato de que normalmente quando esses crimes são cometidos pelas empresas, por serem estas pessoas jurídicas, a denúncia é feita em nome de variadas pessoas.

A consequência disso é que, dependendo do caso, pode ser que se configure o crime de associação criminosa ou de organização criminosa, de acordo com o esquema segundo o qual o crime vinha sendo realizado dentro da empresa. O crime de associação criminosa, previsto no art. 288 do Código Penal, é tipificado pelo ato de três ou mais pessoas associarem-se com o fim específico de praticar crimes, tendo pena de um a três anos.

Já a Lei n. 12.850/2013 determinou que a organização criminosa é configurada quando há a associação de quatro ou mais pessoas, estruturalmente ordenada e caracterizada pela divisão de tarefas, com o objetivo de obter, direta ou indiretamente, vantagem de qualquer natureza, mediante a prática de infrações penais cujas penas máximas sejam superiores a quatro anos, sendo o ato de participar dessas organizações punido com pena de três a oito anos de reclusão e multa.

Pela exposição acima é possível verificar alguns crimes que possuem pena máxima superior a quatro anos e que poderiam configurar organização criminosa dependendo da forma pela qual a empresa se configurou para a prática ilegal.

Sendo assim, além da prática do crime específico, os sócios, os gerentes e os funcionários da empresa seriam também acusados pela prática de associação criminosa ou organização criminosa, sendo frequentes os julgados de Tribunais de Justiça nesse sentido. Nesses casos, as penas dos crimes seriam acumuladas, o que se torna mais preocupante, visto que as chances de se ter a definição do cumprimento da pena privativa de liberdade em regime fechado aumentaria.

Portanto, estando cientes de que certas condutas ilícitas podem ser associadas às empresas, é de suma importância que as *startups* deem certa atenção a isso, buscando, por meio da adoção de códigos de conduta e políticas internas, conscientizar e dar ciência a sócios, gerentes, funcionários ou parceiros da possibilidade de virem a ser condenados na esfera penal por atos cometidos em nome da pessoa jurídica, haja vista que a empresa é ostensivamente atingida nos casos em que se constata a prática de crimes empresariais.

CAPÍTULO 9

Comitê Nacional de Iniciativas de Apoio a *Startups* (Decreto n. 10.122/2019) e Marco Legal das *Startups* (Lei Complementar n. 167/2019)

Alan Moreira Lopes

O Decreto n. 10.122, publicado no Diário Oficial da União em 22 de novembro de 2019, instituiu o Comitê Nacional de Iniciativas de Apoio a *Startups*. A iniciativa do Governo Federal possui o condão de elevar a eficiência com que trabalha com programas de *Startups* e, ao mesmo tempo, centralizar e alinhar as operações da administração pública no Comitê Nacional de Iniciativas de Apoio a *Startups*.

Nos termos do art. 2º do referido decreto, compete ao Comitê Nacional de Iniciativas de Apoio a *Startups*:

I – articular as iniciativas e os programas do Poder Público de apoio a startups *no âmbito da administração pública federal;*

II – promover troca de experiências e boas práticas em iniciativas que envolvam o apoio às startups;

III – disponibilizar e atualizar plataforma em formato digital com registro de iniciativas públicas de apoio a startups; *e*

IV – coletar e avaliar as informações sobre as iniciativas de apoio às startups *e os resultados obtidos.*

Por sua vez, o art. 3º estabelece que esse Comitê será composto por representantes dos seguintes órgãos e entidades:

I – um da Secretaria de Desenvolvimento da Indústria, Comércio, Serviços e Inovação da Secretaria Especial de Produtividade, Emprego e Competitividade do Ministério da Economia;

II – um da Secretaria de Empreendedorismo e Inovação do Ministério da Ciência, Tecnologia, Inovações e Comunicações;

III – um do Banco Central do Brasil;

IV – um do Banco Nacional de Desenvolvimento Econômico e Social;

V – um do Conselho Nacional de Desenvolvimento Científico e Tecnológico;

VI – um da Empresa Brasileira de Pesquisa Agropecuária;

VII – um da Financiadora de Estudos e Projetos;

VIII – um da Agência Brasileira de Desenvolvimento Industrial;

IX – um da Agência Brasileira de Promoção de Exportações e Investimentos; e

X – um do Serviço Brasileiro de Apoio às Micro e Pequenas Empresas.

No que diz respeito à operação do Comitê Nacional de Iniciativas de Apoio a *Startups,* serão realizadas reuniões a cada três meses (art. 4º do Dec. n. 10.122/2019), e a coordenação do Comitê será exercida, nos termos do art. 3º, § 1º, alternadamente, pelos representantes da Secretaria de Desenvolvimento da Indústria, Comércio, Serviços e Inovação da Sepec/ME e da Secretaria de Empreendedorismo e Inovação do Ministério da Ciência, Tecnologia, Inovações e Comunicações – MCTIC a cada período de um ano.

Importante registrar que a participação dos representantes no Comitê Nacional de Iniciativas de Apoio a *Startups* será considerada prestação de serviço público relevante, não remunerada (art. 10 do Dec. n. 10.122/2019). A criação de uma plataforma digital com o registro das iniciativas públicas de apoio a *startups* (art. 2º, III) vem de encontro à necessidade do empreendedor de encontrar informações sobre os programas de apoio.

Nesse cenário, o empreendedor deve acompanhar também as inovações trazidas pela LC n. 167/2019, de 24 de abril de 2019, conhecida como Marco Legal das *Startups,* que se propôs à árdua tarefa de conceituar o que seria *startup*. Nos termos da mencionada Lei, *"considera-se startup a empresa de caráter inovador que visa a aperfeiçoar sistemas, métodos ou modelos de negócio, de produção, de serviços ou de produtos, os quais, quando já existentes, caracterizam* startups *de natureza incremental, ou, quando relacionados à criação de algo totalmente novo, caracterizam* startups *de natureza disruptiva".*

Chama a atenção o fato de o texto legal lançar mão das expressões "incremental" e "disruptiva", que possuem ligação com os tipos de inovação. Portanto, é importante que o jurista conheça estes termos já familiares aos empreendedores. A inovação incremental não cria algo novo, mas melhora algo que já existe; já a inovação disruptiva é aquela que gera uma ruptura com padrões ou tecnologias estabelecidas no mercado. De todo modo, o tratamento jurídico das *startups*, seja de natureza incremental ou disruptiva, será o mesmo.

Uma vez conceituado o termo *startup*, a LC n. 167/2019 cria o Inova Simples. Trata-se de um regime especial simplificado que concede às iniciativas empresariais de caráter incremental ou disruptivo, que se autodeclarem como *startups* ou empresas de inovação, tratamento diferenciado com vistas a estimular sua criação, formalização, desenvolvimento e consolidação como agentes indutores de avanços tecnológicos e da geração de emprego e renda (LC n. 123/2006, art. 65-A, com redação da LC n. 167/2019). O § 3º desse mesmo artigo estabelece que o tratamento diferenciado consiste na fixação de rito sumário para abertura e fechamento de empresas sob o regime do Inova Simples, que se dará de forma simplificada e automática, no mesmo ambiente digital do portal da Rede Nacional para a Simplificação do Registro e da Legalização de Empresas e Negócios (Redesim), em sítio eletrônico oficial do Governo Federal, por meio da utilização de formulário digital próprio, disponível em janela ou ícone intitulado Inova Simples.

Nos termos do § 5º, estando correto todo o preenchimento do cadastro, será gerado na mesma hora um CNPJ específico, além de um código do Inova Simples. Aberta a nova empresa, os empreendedores deverão providenciar a abertura de conta bancária para pessoa jurídica para integralizar o capital da empresa. Ressalte-se que a definição do local da sede da *startup* poderá ser comercial, residencial ou de uso misto, sempre que não proibido pela legislação municipal ou distrital, admitindo-se a possibilidade de sua instalação em locais onde funcionam parques tecnológicos, instituições de ensino, empresas juniores, incubadoras, aceleradoras e espaços compartilhados de trabalho na forma de *coworking*.

A legislação em análise segue imbuída do propósito de facilitação. Assim, no espaço destinado ao preenchimento de dados do Inova Simples, deverá ser criado campo ou ícone para comunicação automática ao Instituto Nacional da Propriedade Industrial (INPI) do conteúdo inventivo do escopo da inciativa empresarial, se houver, para fins de registro de marcas e patentes, sem prejuízo de o titular providenciar os registros de propriedade intelectual e industrial diretamente, *motu proprio*, no INPI. Portanto, o INPI deverá criar mecanismo que concatene desde a recepção dos dados ao processamento sumário das solicitações de marcas e patentes de empresas Inova Simples. Ademais, na eventualidade de a *startup* não lograr êxito no desenvolvimento do escopo pretendido, a baixa do CNPJ será automática, mediante procedimento de autodeclaração no portal da Redesim.

Diante de todo o exposto, temos por certa a necessidade de o empreendedor valer-se do Direito para facilitar sua atividade empresarial. Para tanto, o acompanhamento da aplicação prática da Lei e uma assessoria jurídica especializada são instrumentos primordiais para que o tratamento legal diferenciado promova a inovação e proporcione a todos os benefícios de suas repercussões.

CAPÍTULO 10

Canvas jurídico para *startups*: ferramenta de planejamento jurídico

Keila dos Santos
Alan Moreira Lopes

Uma jornada empreendedora de sucesso requer um planejamento jurídico eficiente. Convictos desta necessidade e, valendo-se de conceitos anteriormente aplicados apenas à elaboração de modelos de negócios, os autores idealizaram o primeiro "*Canvas* Jurídico para *Startups*".

Trata-se de uma ferramenta de planejamento jurídico desenvolvida estrategicamente para auxiliar o empreendedor a tratar questões que, quando esquecidas, podem causar incontáveis aborrecimentos, litígios legais e prejuízos patrimoniais.

O mapa visual contém nove blocos, vejamos:

A. Objeto da atividade empresarial: o objeto da atividade comercial consiste no *core business,* ou seja, na atividade principal a ser desenvolvida pela empresa. Neste ponto, é importante esclarecer que o art. 104 do Código Civil estabelece que o objeto não poderá ser ilícito, impossível, indeterminado ou indeterminável, contrário aos bons costumes, à ordem pública ou à moral.

Além disso, o objeto deve ser revestido de precisão e clareza ao indicar os gêneros e correspondentes espécies de atividades.

Para facilitar a compreensão, veja o quadro exemplificativo a seguir:

116 *STARTUPS* E INOVAÇÃO – DIREITO NO EMPREENDEDORISMO

Gêneros	Espécies
Comércio	• de veículos automotores • de tratores • de artigos de armarinho • de laticínios • de remédios
Consultoria	• financeira • formação e desenvolvimento • gestão • importação de armamento
Serviços	• de reparação de veículos automotores • de transporte rodoviário de cargas • de financiamento

Portanto, quanto mais específica for a descrição da atividade empresarial perseguida, mais efetivo e direcionador será o *canvas* jurídico, pois determinará o enquadramento dos demais blocos subsequentes e orientará a *startup* no seu plano de ação.

B. Fiscalização e autorização: a partir da atividade empresarial específica, a *startup* será capaz de verificar quais as autorizações precisam ter para começar o seu negócio e a quais competências fiscalizadoras estará sujeita, por exemplo:

Espécie de atividade	Autorização/fiscalização
Comércio de remédios	Anvisa
Consultoria de importação de armamento	Exército Nacional Brasileiro
Serviços de financiamento	Bacen

Além das autorizações específicas nacionais, a *startup* deverá buscar as autorizações municipais de acordo com sua atividade.

C. Deliberações fundamentais entre sócios: a sociedade empresarial é a reunião de pessoas que visam exercer atividade econômica organizada para a produção ou circulação de bens ou serviços, com o objetivo de lucro. Contudo, é na sociedade que a maioria das *startups* encontra percalços.

CAPÍTULO 10 – CANVAS JURÍDICO PARA STARTUPS 117

Proteção à propriedade intelectual

1. Propriedade industrial
2. Segredos de negócio
3. Direito autoral
4. Criação de prova de anterioridade
5. Registro da marca
6. Patente de tecnologia
7. Registro de software
8. Nomes de domínio

Objeto da atividade empresarial

1. Core business
2. Deverá ser lícito, possível e determinado
3. Descrito com precisão
4. Não deve ser contrário aos bons costumes
5. Influência nas opções tributárias da startup

Fiscalização e autorização

Rol exemplificativo:
1. Bacen
2. Anvisa
3. Exército Brasileiro
4. Prefeituras
5. SMIC
6. Sisnama

Questões trabalhistas importantes

1. Vínculo empregatício
2. Terceirização
3. Pejotização
4. Contratos de trabalho
5. Remuneração
6. Encargos trabalhistas
7. Proteção PI software

Relações com investidores

1. Regras de diluição
2. Rodadas de investimentos
3. Acordo de confidencialidade (NDA)
4. Term sheet
5. Due diligence (auditoria jurídica)
6. Contrato de mútuo conversível
7. Acordo de investimento/participação
8. Compra/venda de ações
9. Acordo de quotistas/acionistas
10. Exclusividade (no shop provision)

Aspectos tributários essenciais

1. Planejamento tributário
2. Gestão e governança tributária
3. Regimes tributários:
3.1. Simples nacional
3.2. Lucro presumido
3.2. Lucro real

Principais contratos firmados por uma startup

1. Memorando de entendimentos
2. Confidencialidade (NDA)
3. Estatuto ou contrato social
4. Contratos de parcerias
5. Contrato com fornecedores
6. Term sheet
7. Mútuo conversível
8. Com prestadores de serviço
9. Contrato com programadores
10. Termo de uso
11. Política de privacidade
12. Programas de aceleramento
13. Contrato de trabalho
14. Acordo de investimento
15. Compra/venda de ações
16. Acordo de quotistas/acionistas
17. SAAS (software as a service)
18. Para prestação de serviços
19. Vesting
20. Representação comercial

Considerações para escolha do tipo societário de sua startup

1. Necessidade ou não de investimento
2. Objeto social
3. Escolha do regime tributário adequado
4. Para empreender sozinho (MEI/EIRELI)
5. Para empreender com sócios (LTDA./ sociedade anônima/SCP/SPE)

Deliberações fundamentais entre os sócios

1. Confidencialidade
2. Vesting
3. Cliff
4. Não competição
5. Deveres e direitos dos sócios
6. Direito de preferência (quotas)
7. Divisão dos poderes de decisão
8. Regras de admissão de novos sócios
9. Distribuição de dividendos (lucros)
10. Regras para contratação de empréstimos
11. Hipóteses de retiradas de sócios
12. Regras para saída de sócios
13. Questões bancárias
14. Regras de diluição
15. Option pool
16. Tag along
17. Drag along
18. Lock-up
19. Preferência na liquidação
20. Solução de conflitos
21. Governança
22. Encerramento das atividades
23. Regras para transferência de quotas
24. Duração da sociedade
25. Remuneração
26. Falecimento de qualquer dos sócios
27. Divisão de participações
28. Formas de participação de investidores
29. Valores e condições inegociáveis
30. Sede da startup
31. Quem administrará a sociedade
32. Formas de exclusão de um sócio

Um estudo realizado pelo Núcleo de Inovação da Fundação Dom Cabral[1] indica que cada sócio a mais que trabalha em período integral na *startup* aumenta 1,24 vez a chance de a empresa acabar. Pensando nisso, o *canvas* jurídico apresenta um rol exemplificativo de deliberações fundamentais para dar aos sócios a oportunidade de conversa e decisão sobre questões como divisão de participação, período de disponibilidade para o projeto, pagamento de valores e administração, visando diminuir os desentendimentos societários que poderão dar fim ao negócio.

D. Principais contratos firmados por uma *startup*: os contratos são acordos entre duas ou mais pessoas, cuja finalidade é adquirir, resguardar, transferir, modificar ou extinguir uma relação jurídica.

Logo, é por meio da celebração de contratos que a *startup* deverá estabelecer o funcionamento do empreendimento. A utilização de modelos prontos da Internet não é recomendada, podendo ocasionar danos irreversíveis quando genéricos ou inapropriados do ponto de vista legal para o negócio.

O rol exemplificativo do *canvas* jurídico não pretende esgotar o assunto, todavia, revela-se fundamental para que o empreendedor possa analisar e identificar minutas de contratos à sua disposição. A elaboração adequada, mediante apoio jurídico, garantirá a satisfação dos contratantes.

E. Proteção à propriedade intelectual: a propriedade intelectual deve ser pensada estrategicamente pelos empreendedores: trata-se de um ativo intangível que gera valor, inibe a pirataria, assegura o uso e a exploração do conteúdo inovador das *startups* e reduz as chances de perda do capital investido.

O *canvas* jurídico ressalta a propriedade industrial (Lei n. 9.279/96) como essencial para questões relacionadas à proteção de criações voltadas para as atividades industriais por meio de registros e patentes. Nos termos do Inpi (Instituto Nacional da Propriedade Industrial) "se você inventou uma nova tecnologia, seja para produto ou processo, pode

---

[1] "3 fatores que aumentam chances de uma *startup* falhar". Disponível em: <http://revistapegn. globo.com/Dia-a-dia/noticia/2014/11/3-fatores-que-aumentam-chances-de-uma-startup-falhar. html>. Acesso em 22 mar. 2017.

CAPÍTULO 10 – CANVAS JURÍDICO PARA STARTUPS 119

buscar o direito a uma patente. A patente também vale para melhorias no uso ou fabricação de objetos de uso prático, como utensílios e ferramentas"[2].

O Inpi, uma autarquia federal vinculada ao Ministério da Indústria, Comércio Exterior e Serviços, também oferece entre suas atividades os registros de marcas, desenhos industriais, indicações geográficas, programas de computador e topografias de circuitos, as concessões de patentes e as averbações de contratos de franquia e das distintas modalidades de transferência de tecnologia.

O *canvas* jurídico não poderia deixar de mencionar a importância da criação de uma prova de anterioridade para proteção de direitos autorais. Em caso de eventual necessidade de comprovação de autoria este instrumento válido formará prova documental robusta.

F.   Relações com investidores: diferentes oportunidades e riscos surgem na relação entre *startups* e investidores. O *canvas* jurídico destaca o processo de *due diligence,* pois este possibilita mitigar riscos dos investidores na capitalização de seus recursos. Trata-se de uma auditoria jurídica que deverá considerar práticas trabalhistas e questões relacionadas à propriedade intelectual, certidões da empresa e dos sócios, entre outras.
Diferentes contratos, como o mútuo conversível, também são elencados pelo *canvas* jurídico para que nestes sejam detalhados os termos da contribuição do investidor, seja anjo, *seed, venture* capitalista, aceleradora ou outro.

A segurança jurídica para *startups* e investidores será alcançada mediante determinação de inúmeros itens, entre eles: regras de diluição, direitos e deveres, confidencialidade, regras de preferência em caso de venda de quotas ou ações, condições de retirada do valor investido, distribuição dos lucros.

G.   Questões trabalhistas importantes: todo empreendedor precisa conhecer quais são os encargos trabalhistas, as formas de remuneração, os aspectos práticos dos contratos de trabalho, os riscos da pejotização, entre outros

---

2   "Guia básico de patente". Disponível em: <http://www.inpi.gov.br/menu-servicos/patente>. Acesso em: 22 mar. 2017.

conceitos básicos do direito do trabalho. O *canvas* jurídico também desperta a atenção das *startups* para a necessidade de, reiteradamente, avaliar os riscos da descaracterização de determinadas relações e o reconhecimento do vínculo empregatício (art. 3º da CLT).

Temos a terceirização de projetos como alternativa recorrente para muitas *startups*. Um protótipo ou produto mínimo viável (MVP) pode ser desenvolvido com eficiência por um parceiro terceirizado, todavia, a proposta de reduzir custos trabalhistas terceirizando serviços acrescentará o risco de violação de sigilo de um modelo estratégico de negócio e segredos de empresa (informações estratégicas, processos industriais, *know-how* – conjunto de conhecimentos e experiências de certa empresa –, parâmetros de projetos, entre outros).

Outra questão que consideramos de extrema relevância para *startups* de tecnologia são os contratos e cláusulas que regem a propriedade intelectual do funcionário celetista programador. Nos termos do art. 4º da Lei n. 9.609/98, salvo estipulado em contrário, pertencem exclusivamente ao empregador todo e qualquer direito sobre programas de computador desenvolvidos pelo empregado na vigência do contrato de trabalho, portanto, o empregado é pago para inovar para o empregador.

Por outro lado, os direitos autorais pertencem ao empregado que cria a tecnologia para facilitar o próprio trabalho, beneficia a empresa e não é pago para isso. Esse cenário bem ilustra a importância de cláusulas específicas nos contratos de trabalho do ambiente de inovação.

H. Considerações para escolha do tipo societário de sua *startup*: a formalização de uma *startup* satisfaz e oferece transparência e segurança às expectativas de investidores e fundadores, determina pontos de flexibilidade e imutáveis e garante confidencialidade e proteção de dados.

Importa destacar que quando duas ou mais pessoas se reúnem para alcançar um objetivo, ainda que sem contrato com regras de associação, ou seja, sem qualquer formalização jurídico-administrativa, poderá ser reconhecida como uma sociedade de fato, vejamos:

> Código Civil (Lei n. 10.406/2002): Art. 981. Celebram contrato de sociedade as pessoas que reciprocamente se obrigam a contribuir, com bens ou serviços, para o exercício de atividade econômica e a partilha, entre si, dos resultados.

CAPÍTULO 10 – CANVAS JURÍDICO PARA STARTUPS 121

Portanto, o empreendedor deve compreender que uma sociedade de fato é aquela que não está juridicamente constituída. Uma das consequências práticas mais relevantes para os sócios "de fato" está na responsabilidade atribuída a eles de forma ilimitada e solidária pelas obrigações sociais, observe-se:

> Código Civil (Lei 10.406/2002): Art. 990. Todos os sócios respondem solidária e ilimitadamente pelas obrigações sociais, excluído do benefício de ordem, previsto no art. 1.024, aquele que contratou pela sociedade.

Por conseguinte, o sócio de uma "sociedade de fato" responderá por eventuais dívidas da empresa com seu patrimônio particular independentemente da sua participação societária.

Convicto da necessidade de formalização de sua *startup*, o empreendedor encontrará no *canvas* jurídico fatores que devem ser levados em consideração para escolha do tipo societário mais adequado: necessidade ou não de investimento e objeto social (algumas atividades exigem uma forma societária específica, como o que acontece com as instituições bancárias, que devem ser constituídas sob a forma de sociedade anônima).

Por fim, o empreendedor deve levar em consideração se constituirá a empresa sozinho (MEI ou EIRELI) ou com sócios (LTDA., sociedade anônima – S.A., SCP, SPE).

I. Aspectos tributários essenciais: O planejamento tributário se apresenta como o meio viável e lícito (legal) para permitir a redução da carga tributária das *startups*, garantindo, assim, maior competitividade e, por via de consequência, a sua sobrevivência.

Registre-se que não há uma fórmula matemática para o planejamento tributário que permita preenchê-la com dados reais para que se obtenha economia tributária como em um programa de computador. Isso requer dos empreendedores domínio de sua situação contábil e financeira, bem como do conhecimento da legislação, principalmente a tributária.

O *canvas* jurídico destaca os três regimes para apuração de impostos no Brasil. No primeiro, o Simples Nacional, a *startup* recolherá unificadamente quase todos os impostos e contribuições, porém, essa opção somente poderá ser utilizada quando o faturamento da empresa estiver abaixo do teto discriminado na legislação.

Os outros dois modelos de regime de apuração vinculam-se ao imposto de renda auferido, sendo estes os regimes de apuração pelo lucro presumido e pelo lucro real.

CONCLUSÃO

Diante do exposto, o *canvas* jurídico apresenta-se como uma ótima ferramenta para o planejamento jurídico de qualquer *startup*, o principal objetivo é estruturar legalmente o empreendimento.

O *canvas* jurídico, ou seja, a aplicação estruturada dos principais cuidados jurídicos que devem ser tomados por uma *startup* por meio da metodologia *canvas* (tela) é disruptiva e deve ser adotada pelos empreendedores como importante ferramenta estratégica. Todavia, sua utilização não substitui a consulta de um advogado especializado.

Apontamentos finais

A revolução tecnológica desconstruiu a realidade corporativa segundo a qual apenas grandes companhias poderiam fazer uso de equipamentos eletronicamente desenvolvidos, ainda mais quando se considera que, poucas décadas atrás, estes eram necessariamente importados.

Empresas digitais rompem essa realidade e lançam mão de equipamentos modernos, muitas vezes dotados de aplicativos livres que, no dia a dia, alteram modelos de negócios. Ou seja, o empreendedorismo digital, consolidado pela sociedade da informação, transformou em definitivo as relações comerciais.

Ademais, o cenário competitivo não impõe medo aos desbravadores virtuais; ao contrário, insere, pela livre concorrência, centenas de novos empreendimentos balizados por investidores que corroboram com a premissa principal deste livro: o entusiasmo causado pela paixão por empreender e pela real possibilidade de romper paradigmas empresariais e transformar ideias em planos de negócios extraordinários e de alto impacto.

Além disso, adentrar o mundo digital implica, hoje, reconhecer que a grande rede mundial de computadores não é, como nunca na verdade fora, uma terra sem lei. Esse entendimento reforça a confiança das pessoas que pretendem *empreender com segurança no meio eletrônico* (mas também fora dele).

A possibilidade de resultados rápidos e escaláveis revela o impacto em todos os segmentos de mercado. A tecnologia e os processos otimizados pela velocidade dos computadores e dispositivos móveis contribuem para a eficiência das empresas digitais. Migrar os negócios para o ecossistema digital não é mais uma opção. Segundo o Gartner, 25% das empresas que não inserirem seus negócios no plano digital perderão competitividade até 2017.

Portanto, a evolução tecnológica deve ser acompanhada e tutelada pelo Direito. Ainda que a evolução seja contínua, a paz social – real e virtual – vai requerer respostas de todos os operadores do Direito.

Anexo – dicas

Cuidados jurídicos iniciais que todo empreendedor e empresário deve ter ao abrir sua empresa[1]:

- Em primeiro lugar, no momento da abertura da empresa, será necessário fazer algumas consultas prévias, elaborar o documento constitutivo da empresa (contrato social, por exemplo), cadastrar a pessoa jurídica, fazer inscrição estadual e municipal, entre outros registros específicos, dependendo da área de atuação. Consulte seu advogado para saber *quais são os documentos necessários para a abertura de sua empresa e quais documentos adicionais seriam recomendados*. Além disso, conforme a estrutura da empresa, pode ser importante elaborar documentos como o *acordo de quotistas*, para que se evitem conflitos futuros. Seu advogado o orientará sobre a melhor forma de conduzir a abertura da empresa.
- Um segundo ponto de atenção é o *registro da marca*. Ele deve ser feito no Inpi, e o empreendedor tem de discutir com o advogado a natureza do uso da marca e sua forma de apresentação. No manual do Inpi é possível obter maiores informações sobre o tema e entender um pouco mais os pontos que são relevantes para que a marca seja corretamente registrada. Em caso de *business on-line* (sites e *apps*), o registro do *software*, dependendo do caso, pode ser algo a considerar. Consulte seu advogado sobre o assunto.

---

[1] REZENDE, Luiza S. "Cuidados jurídicos iniciais que todo empreendedor e empresário deve ter ao abrir empresa". Disponível em: <http://www.startupblogbrazil.com/2013/05/cuidados-juridicos--iniciais-que-todo.html>. Acesso em: 4 maio 2016.

- O terceiro ponto que gostaria de mencionar aqui, e que deve estar presente logo no início das discussões sobre a *startup* (assim que a ideia ou o conceito do negócio forem decididos e passarem a ser comunicados a terceiros), é a solicitação ao advogado de um documento chamado "acordo de confidencialidade", também conhecido no Brasil por seu nome em inglês: NDA (*Non Disclosure Agreement*), para ser usado todas as vezes que a ideia ou as informações correlatas a ela forem comunicadas a parceiros, colaboradores, investidores ou quaisquer terceiros a quem se deseja solicitar sigilo/confidencialidade. Por meio desse documento, a pessoa que receber a informação se comprometerá a não divulgá-la a terceiros, entre outras cláusulas que dependerão do contexto em questão e que serão definidas pelo advogado.

- O quarto ponto, que muitas vezes os empreendedores deixam "passar batido" (e muitas vezes acabam sendo lesados por isso), é aquele da *elaboração dos contratos com fornecedores, parceiros, colaboradores, funcionários e clientes*. Ao negociar com terceiros, contratar pessoas e fechar negócios com clientes, é importante que *a relação esteja propriamente regulada, as partes estejam cientes daquilo a que estão se comprometendo, a legislação cabível seja cumprida e possíveis riscos e prejuízos futuros sejam, o máximo possível, alocados*. Muitas vezes o empreendedor não dá a devida importância à elaboração e à análise de contratos e acaba tendo de pleitear em juízo (em um processo por indenização, por exemplo) valores e bens. Esse desgaste certamente pode ser evitado com uma revisão contratual feita por um advogado especializado. Igualmente, a relação com os clientes deve ser formalizada para que todas as obrigações e responsabilidades estejam claras para as partes e não aconteçam desentendimentos futuros por falta de "normatização" da relação comercial. Não deixe de consultar seu advogado sobre os contratos e documentos em geral mais adequados para a devida proteção/prevenção de sua *startup*.

- Quinto ponto. Hoje em dia, como a grande maioria das empresas possui sites e/ou aplicativos, é fundamental a elaboração de termos de uso e política de privacidade para os ambientes *on-line*. [Neste livro há um tópico importante sobre a distinção entre termo de uso e política de privacidade, com modelos para ajudá-lo na elaboração de ambos.]
Não deixe de *consultar um advogado* [especializado] para saber a melhor forma de organizar a documentação de sua *startup* e mantê-la regularizada e protegida de riscos futuros e outros decorrentes da atividade empresarial. [grifos nossos]

Índice remissivo

A
Abertura da empresa 125
Acionista 61
  controlador 60
  responsabilidade 61
Acordo de confidencialidade 13, 126
Affectio societatis 67
André Street 6
APP 17
Atividade-meio 38

B
Bel Pesce 6
Benefícios tributários 75
Big Data 97
Business Judgement Rule 69

C
Canvas jurídico 115
  aspectos tributários essenciais 121
  considerações para escolha do tipo socie-
    tário de sua *startup* 120
  deliberações fundamentais entre sócios
    116
  fiscalização e autorização 116
  objeto da atividade empresarial 115
  principais contratos firmados por uma
    startup 118
  proteção à propriedade intelectual 118
  questões trabalhistas importantes 119
  relações com investidores 119

Capital social 54
Cargo de administrador 57
  destituição 57
Ciberempreendedores 5
Código Penal 42
Cofins 79
Comercialização dos dados coletados 22
Comércio eletrônico 19
Comitê Nacional de Iniciativas de Apoio a
  Startups 112
Companhia 58
Compliance 42, 103
Compra coletiva 20
Confidencialidade do negócio 13
Confusão patrimonial 66
Conselho de administração 62
  diretoria 62
  estatuto 62
  incumbência 62
Conselho fiscal 56
  constituição 56
  instauração 56
  objetivo 56
Consentimento expresso 22
Consolidação das Leis do Trabalho (CLT)
  32
Contadores 76
Contrato 18
  cronograma de fases 18
  garantia 18
  pagamentos 18

128 *STARTUPS* E INOVAÇÃO – DIREITO NO EMPREENDEDORISMO

preliminar 12
principal 12
propriedade intelectual 18
Convênio ICMS n. 93/2015 79
Cooperativa 53
Cotas 56
Criação 91

D

Denominação social 54
Departamento de Registro Empresarial e
Integração (Drei) 47
Departamento operacional 76
Desconsideração da personalidade jurídica
65
previsões 66
Desoneração da folha de pagamentos 77
Desvio de finalidade 66
Direito
do trabalho 32
empresarial 45
no empreendedorismo 8
societário 45
tributário 74
Direitos do empregado 33
13º salário 34
adicionais de periculosidade ou insalubridade 34
férias 34
horas extraordinárias 34
Previdência Social (INSS) 34
Direitos e deveres dos contratantes 12
Dissolução da sociedade 68
parcial 68
total 68
Domínio 28
funções 28
registros 28
Due diligence 70

E

Elaboração dos contratos 126
Elos da rede de valor (humana) 90
Emenda Constitucional n. 87/2015 79
Empreendedor 1, 65
digital 3, 5
Individual (EI) 52

perfil 3
responsabilidade por dívidas 65
Empreendedorismo 1, 21
conservador 1
digital 1, 4
tempos de crise 4
Empresa de Pequeno Porte (EPP) 50
Empresa Individual de Responsabilidade
Limitada (EIRELI) 48
critérios 49
Empresário 37, 46
individual 46
Empresas digitais 123
Entrepreneurship law 8
Estatuto Nacional da Microempresa e da
Empresa de Pequeno Porte 51
Exclusão do sócio por justa causa 67

F

Fontes de recurso financeiro 90
crowdfunding 90
familiares e amigos 90
financiamentos diretos 90
fundos de fomento 90
investidor anjo 90
prós e contras 90
venture capital 90
Fraude trabalhista 42
Fundadores 10
Fundo de Garantia por Tempo de Serviço
(FGTS) 34
Fusões e aquisições (M&A) 70

G

Governança jurídica 8

H

Holding 71

I

ICMS 78
Incorporações 71
cisão 71
fusão 71
Indústria 4.0 96
Inovação tecnológica 76
Inova Simples 113

ÍNDICE REMISSIVO 129

Instituto Nacional da Propriedade Industrial (Inpi) 15
Integralização do capital social 56
Inteligência artificial 97
Internet das coisas 97
IPI 78
ISS 80
   atividades 80

J
Joint venture 72
Junta comercial 49
Justa causa 67
   do empregador 34
   exclusão do sócio 67
   motivos ensejadores 35
Justiça do trabalho 67

L
Legislação trabalhista 41
Lei Complementar n. 116/2003 80
Lei Complementar n. 123/2006 52
Lei das Cooperativas 53
Lei de Propriedade Industrial 16
Lei Geral de Proteção de Dados Pessoais – LGPD 96, 98
Lei n. 5.172/66 67
Lei n. 6.404/76 60
Lei n. 8.078/90 66
Lei n. 9.605/98 67
Lei n. 11.101/2005 64
Lei n. 12.529/2011 66
Lei n. 12.843/2013 66
Lei n. 13.105/2015 66
Lei n. 13.429/2017 37
Lucro presumido 79
Lucro real 79

M
Marca 28
Marco civil da internet 21
Marco legal das *startups* 113
Marketing digital 2
Memorando de entendimento 11
Microempreendedor individual (MEI) 52
   benefício 53
Microempresa (ME) 50

N
Nome de domínio 29

O
Obtenção de valor 93

P
Pejotização 77
   da pessoa física 41
Penhora de cotas e ações 69
Personalidade jurídica 57, 65
   desconsideração 65
Pesquisa e desenvolvimento 76
PIS 79
Pitch 14
Pluralidade de sócios 68
Política de privacidade 25, 126
   modelo 27
Privacidade 100
Procedimentos de controle 76
Propriedade intelectual 15, 18
Proteção de dados pessoais 98
Proteção jurídica no *e-commerce* 19

Q
Quem pode ser empreendedor 11
Quotas 82

R
Recuperação de empresa 64
   requisitos 64
Recursos intangíveis 95
Recursos para empreender 83
Registro da marca 125
Registro Público das Empresas Mercantis 46
Relações de trabalho 32, 42
   com vínculo empregatício 32
   sem vínculo empregatício 32
Responsabilidade do empreendedor por dívidas da empresa 65
Revolução Industrial 96

S
Segurança jurídica 9, 18
Serviço terceirizado 40
   atitudes preventivas 40

Simples Nacional 51, 77
Cofins 51
contribuição para o PIS/Pasep 51
CPP 51
CSLL 51
desvantagem 77
ICMS 51
IPI 51
IRPJ 51
ISS 51
Sindicatos 37
Sociedade anônima 53, 58
aberta 59
acionista minoritário 62
administrador 63
assembleia extraordinária 61
assembleia ordinária 61
aumento do capital social 63
capital social 59
conselho de administração 61
dever 60
fechada 59
objeto social 59
Sociedade cooperativa 54
Sociedade em conta de participação 57
requisitos formais 58
Sociedade empresária 47
limitação da responsabilidade 47
separação patrimonial 47
Sociedade limitada 55, 59
capital social 55
característica 55
Sociedade por ações 58
Sociedade simples 53, 59
contrato social 55
requisitos 54

Sócio
fundador 10
oculto 57, 58
ostensivo 57
Software 17
Sonegação 81

T
Terceirização 37, 38
Terceirizar 37
Termos de uso 25, 126
modelo 25
Termos de uso e política de privacidade 24
modelos 24
Tipo societário 64
desvantagens 64
vantagens 64
Tomador de serviços 39
Transmissão 92
Transmissão de direção (organizacional) 84
Transparência tributária 75
Trespasse 73
contrato 73
Tributos 74

V
Valor nominal 60
Venda de participações 82
Vínculo empregatício 32
habitualidade 33
onerosidade 33
pessoalidade 33
requisitos 32
subordinação 33
Visão holística dos recursos 84
fundamento 84
natureza 84

Anotações

Anotações

Anotações